法教育教材
わたしたちの社会と法

関東弁護士会連合会　編

商事法務

はじめに

　関東弁護士会連合会では、2002 年に開催したシンポジウム「子どものための法教育〜21 世紀を生きる子ども達のために」をはじめとして、これまで法教育の普及、発展のために活動を続けてきた。

　研究活動を続ける中で 2011 年に出版した書籍『これからの法教育──さらなる普及に向けて』（現代人文社、2011 年）において、「法教育」のエッセンスを明らかにするものとして「法教育指導要綱（案）」を発表した。

　そして、その後私たちはこの法教育指導要綱（案）のうち、子どもたち（市民）に知っておいてもらいたい知識についてより分かりやすく原理原則にさかのぼって解説する試みを行った。その成果については『わたしたちの社会と法──学ぼう・法教育」（商事法務、2016 年）として出版した。

　こうした流れを受けて、今回私たちは、法教育で身につけてもらいたい技能についての解説と、これらを実際に教育現場で教えるにあたって利用できる教材の作成を行ってきた。その成果をまとめたのが本書である。

　私たち弁護士は伝えたいことは多く持っているが、子どもたちに教室でどう伝えるかという点では未熟な面もあり、教材作成の作業は困難なものとなった。それでも関東弁護士連合会法教育センターの顧問を務めていただいている教育研究者の助言や教員セミナー等で現場教員の方々のご意見をいただくなどして、ついに本書の出版にこぎつけることができた。

　多くの教員等の子どもたちにかかわる人々に本書を手に取っていただき、授業で利用してもらえることを願ってやまない。

　そして、現場での意見を私たちに寄せていただければ大変うれしく思う。

　本書の出版にあたっては、当センターの顧問を務めていただいている江口勇治（筑波大学教授）、館潤二（大正大学人間学部教授）、加納隆徳（秋田大学

はじめに

教育文化学部講師）のお三方には多くの助言をいただいた。その助力がなければ本書は出版できなかったと思う。この場を借りて深く感謝申し上げる。

　2018 年 6 月

関東弁護士会連合会法教育センター

委員長　佐　藤　　　裕

目　次

はじめに　i

第1章　教材のねらいと構成

第1　弁護士の観点 ……………………………………………… 3

第2　教育者の観点 ……………………………………………… 5

第3　本書の構成 ………………………………………………… 9

第2章　教　　材

第1　個人の尊厳 ………………………………………………… 15

第2　平　　　等 ………………………………………………… 27

第3　損害の公平な分担 ………………………………………… 41

第4　ルール評価 ………………………………………………… 59

第5　情報の話の信用性を考える ……………………………… 67

第6　事実認定と証拠 …………………………………………… 80

第7　多数決と民主主義 ………………………………………… 92

第8　代表者を選ぶときに考えること ………………………… 100

第9　基本的人権の尊重と公共の福祉 ………………………… 110

第10　基本的人権と調整原理 …………………………………… 120

第11　新しい人権 ………………………………………………… 132

第12　交渉と紛争解決の方法 …………………………………… 145

iii

目　次

第3章　充実した議論を行うために
——法教育の技能とは

第1　法教育で求められる技能 …………………………………………… 159

第2　思考方法 …………………………………………………………… 161

第3　根拠の準備 ………………………………………………………… 165

第4　「理由付け」の探索 ……………………………………………… 168

第5　議論の方法 ………………………………………………………… 170

第6　主張と反論の方法 ………………………………………………… 173

第7　ま と め …………………………………………………………… 177

あとがき　179

関東弁護士会連合会法教育センター　183

執筆者一覧　184

●Column

　法律的な観点からの分析例　54

　証拠に関するルール　83

　人権の制約原理・調整原理　119

　表現の自由とプライバシーの権利が問題

　　となった裁判例〜「石に泳ぐ魚」事件　130

　忘れられる権利　143

第 1 章

教材のねらいと構成

第1　弁護士の観点

　ある少年は、先輩の物を壊したといわれ、弁償するようにいわれた。

　たしかに触っていたときに壊れてしまったので、いわれる金額を支払わなければならないと思った。

　しかし、自分の手持ちのお金では、その額を支払うことができず、友達からも借りることができないような金額であったことから、どうにかお金を用意しなければと悩んで、自分なりに考えた結果、万引きした物を売ってお金に換えて、そのお金で支払った。

　弁護士をしていると、このような話を聞くことがある。

　なぜ、このようなことが起きてしまうのだろうか。

　様々な原因が考えられるが、その原因のひとつとして、物事を限られた面からしか見ていないということが関係しているのではなかろうか。

　そもそも、少年が触っていたときに壊れてしまったとしても壊したとは限らず、支払わなければならないお金も相手がいうとおりの額とは限らない。

　「壊してしまったら弁償しなければ」という点からは考えていても、「自分が触ったことで壊れてしまったのか」という点や「弁償しなければいけない額は相手のいうとおりでなければならないのか」といった点から考えることが足りていなかったのかもしれない。お金を用意する方法も他にもあったかもしれない。

　この少年が、もう少し多面的に考え、行動することができたら、結果は違っていたかもしれない。

　普段から少し多面的に考えるようにすることで、目前の状況に対して特定の定式や方法を反復継続的に当てはめることができる力だけではなく、変化に対応する力、経験から学ぶ力、批判的な立場で考え、行動する力が育成されていくことにつながるであろう。

　こうした力は社会で生きていくために必要となる資質・能力であって、学校教育の段階において育成されている方が、より人生の成功や社会の発展に

第 1 章　教材のねらいと構成

とって有益であろう。

　一方で、法は、社会を構成している人や組織といったものを規律するためのものであることから、個人の人格形成のためには何が保障されるべきか、平和で民主的な国家となるためには、どのような手続やルールが制定され、適切に評価されるべきか、国民が国家及び社会に参画するためにどのような能力が必要でどのような手続が行われるべきか、多くの人々が生活する社会の中で、どう考えていくと人々が幸せに生活していくことができるのだろうかと悩んで作られている。そのため、法の根底にあるような「見方・考え方」の基礎を学ぶことで、物事を多面的に考えるようになり、「社会で生きる力」が養われていくことにつながるのである。

　本書は、「法」という言葉にとらわれ過ぎず、「社会で生きる力」を養うために有用な「見方・考え方」に重点を置いて作成されたものである。

　これは教育基本法の第 1 条において教育の目的とされる「人格の完成を目指し、平和で民主的な国家及び社会の形成者として必要な資質」を育成することと同じ方向を目指すものである。

　また、同法においては、第 2 条において、教育の目標として、真理を求める態度を養うこと、個人の価値を尊重すること、自主及び自律の精神を養うこと、職業及び生活との関連を重視すること、正義と責任、男女の平等、公共の精神に基づき、主体的に社会の形成に参画する態度を養うこと等、を定めているところ、そういう生きていく力を養うためには、その前提として、物事を多面的・多角的に見る力、情報を整理して分析する力、自らの考えを伝える力、物事を決める際の方法を考える力、他者を理解する力、ぶつかり合うものを調整する力等を養っていくことが必要である。

　そのような考えの下、本書は法教育活動に携わる弁護士と教育研究者とで協同し、学校現場においても用いることができる教材集として作成したものである。

第2　教育者の観点

　「憲法とは何か」と中学生に聞くと、「国の最高法規」「国の三原則である基本的人権の尊重、国民主権、平和主義を定めたもの」「国民が守るべききまり」などと多くの生徒が答える。これを大学生に聞いても、答えは大きく変わらない。これらの答えは間違っているわけではないものの、憲法の「本来の意義」にまで触れたものではない。

　憲法が保障する基本的人権に関する生徒の認識においても同様なことがいえる。「自由権は精神の自由、身体の自由、経済活動の自由からなる」とか、「平等権とは誰もが差別されないことである」とかいう答えは返ってくるものの、そもそも自由とは何なのか、平等であるとは何が等しいことなのかなどといった、基本的人権の「本来の意義」に言及する答えが返ってくることはまずない。

　これまでの社会科公民的分野の学習は、高度で抽象的な内容や細かなことがらを扱い、用語や制度の解説に終始するという指摘がなされていた。しかし、社会科公民的分野の授業で求められるべきは、憲法や基本的人権の尊重などの制度や基本的原則がなぜ作り上げられたのか、これらを基礎づける原則や価値とは何なのかなどの「本来の意義」の理解であるはずである。

　社会科の目標は「公民としての資質・能力の基礎」（『平成29年版学習指導要領』）を養うことである。これは「平和で民主的な国家及び社会の形成者としての自覚、自他の人格を互いに尊重し合うこと、社会的義務や責任を果たそうとすること、社会生活の様々な場面で多面的に考えたり、公正に判断したりすること」（『小学校学習指導要領解説　社会編（平成20年）』）などの態度や能力の育成である。

　これに対し、法教育の目指すものは「自由で公正な民主主義社会の構成員として、自分たちの身の回りに起きる様々な問題や社会の問題について自律的主体的に考え、判断し、行動する能力を身につけさせるもの」（関東弁護士連合会「『子どものための法教育』に関する宣言」、2002年）である。このよう

第1章　教材のねらいと構成

な能力を身につけるには、法教育においても、社会科教育同様、「憲法とは何か」、「基本的人権とは何か」といった「本来の意義」が理解されることが必要である。本書の姉妹本である『わたしたちの社会と法――学ぼう・法教育』（関東弁護士会連合会編、商事法務、2016年）は、「法、法過程、法制度、これらを基礎づける基本原則と価値に関する知識と技能・意欲を身につけさせる」ことを目的に作られたものである。このなかで、基本的人権の尊重とは、「人間が人間らしい生活を送るために生まれながらに持っている権利を不可侵のものとして保障しようという原理」で「個人の尊重、人間の尊厳という基本的な原理に基礎を置いている」と述べられている。そして憲法は、「国家の基本的な仕組みや枠組みを定めるルール、国会の基本法」という意味とともに、「国家の行使すべき権力を定め、それを各統治機構に配分し、権力が濫用され、人権が侵害されないようにする考え」に基づくものであると述べられている。

　フランス人権宣言の言葉を借りるなら、憲法とは基本的人権の尊重と権力分立とを定めるとともに、自由とは他人を害しないすべてのことをなしうることであり、人は自由と権利において平等であることなどを定めたものである。これこそが憲法と基本的人権本来の意義の理解である。この「法、法過程、法制度、これらを基礎づける基本原則と価値」を基にして作られた実践・教材集が、今回出版された『法教育教材　わたしたちの社会と法』である。

　本書は、社会で起こる様々な対立や問題に対して個々人がどのように対処すべきかを、あくまで法や法制度の「本来の意義」である基本原則や価値などに基づきながら、具体的な場面に即して考えさせる法教育の教材を提供している。

　本書で収載されている12の教材に共通する目的は、「法的な見方・考え方」を身につけることである。これは平成29年版新学習指導要領の社会科公民的分野の目標にある「現代社会の見方・考え方を働かせ、課題を追究したり解決したりする活動」と重なり、「内容の取扱い」にある「現代社会の見方・考え方を働かせ、日常の社会生活と関連付けながら具体的事例を通して、政

第2　教育者の観点

治や経済などに関わる制度や仕組みの意義や働きについて理解を深め、多面的・多角的に考察、構想し、表現できるようにすること」を実践しようとするものである。

　また本書は、新学習指導要領で強調されている「主体的・対話的で深い学び」、いわゆるアクティブラーニングや「主権者教育の充実」にも十分に対応したものである。取り上げられている教材は、どれも現実に起こりうる社会や集団内での対立場面が想定され、その課題を自らの問題として捉え、生徒同士で話し合いながら「答え」を導き出していくことで「自分たちの身の回りに起きる様々な問題や社会の問題について自律的主体的に考え、判断し、行動する能力を身につけさせるもの」ばかりである。これはまさしく、アクティブラーニングであり、「見方・考え方」を用いた、知識・技能、思考・判断・表現の能力の育成を目指した「主体的・対話的で深い学び」そのものであるともいえる。

　「主権者教育の充実」については、公職選挙法改正を受け、選挙権年齢が満18歳以上に引き下げられたことから、選挙をはじめとする政治に対して、良識ある主権者として主体的に参加する資質・能力の育成がより一層必要になってきていることから要請されているものである。この主権者としての資質・能力を身につけるには、政治や法などの基礎となっている基本的原則や価値、見方や考え方が理解できるだけでなく、それらが自分のものとして身についていることが必要である。本教材は、この「主権者教育の充実」にも対応したものとなっている。

　例えば、「選んでみよう〜文化祭の実行委員長〜」（101頁）の教材では、文化祭の実行委員長の役割、能力、そして、それに適任な人について考えるという思考過程を生徒に実際にたどらせることで、投票によって自らの代表を選ぶということ、そしてこのことが選出された代表者に権威を与えることになるという主権者として必要な考え方につながることを理解させようとするものである。

　「多数決は正しい決定方法か」（93頁）の教材では、修学旅行先を決める際に、その目的を考え熟議を経てから決めた場合と、目的を考えず十分な話し

第 1 章　教材のねらいと構成

合いもせずに決めた場合とでは、修学旅行そのものの意義が異なってくることに気づかせるとともに、単に多数であるということだけで物事が決められてしまうことへの問題意識を、学校内にとどまらず、広く国や地方公共団体の政治における主権者としても持つべきであることに気づかせようとしている。また「この条例本当に作っていいの？」（60頁）の教材では、駅構内でのスマートフォンや携帯電話の使用を禁止するという架空の条例について考えることで、みんなで決めた法律は守らなくてはならないものではあるが、法そのものの評価には、法の目的や内容理解、法の制定によるメリットとデメリット、目的を遂行するための代案などの視点が主権者には必要であることを理解させるものとなっている。

　このように、本書は法教育の目的に添うものであるとともに、社会科教育本来の目的にも合致しているだけでなく、新学習指導要領の「見方・考え方」や「主体的・対話的で深い学び」、そして、「主権者教育」にも対応した、これからの社会科教育に不可欠な内容になっている。

　本書が多くの先生方に読まれ、このような教材が全国の教室で広く実践されていくことを強く望むものである。

第3	本書の構成

1 「第2章　教材」

(1)　教材の対象

本書の各教材は、中学生を対象として、学校における授業時間（1時限・50分）において行うことを想定して作成しており、指導計画といったものは、中学校教員向けのものである。

ただし、中学生と高校生とによって、法的なものの見方・考え方が変わるものではないことから、設問等について授業を行う教員が修正することにより、高校生向け教材としても使用することができる。

(2)　教材の特徴

本教材は、法教育研究者及び弁護士が意見を出し合いながら、実際に授業で使用することを意識して作成されたものである。そのため、学習目標や生徒への問いかけといったことについて法教育の観点が示されるよう配慮を行った。

これにより、教員は、本教材を用いることにより、授業準備に多くの時間を費やさずとも授業を行うことができる。

また、これまで法教育の授業を行ったことが無いという教員においても、本教材を用いた授業を行うことで、法教育研究者及び弁護士の監修を受けた法教育授業を行うことができる。

(3)　教材の構成

教材は、それぞれ独立して、一つのテーマで完結するよう作成されている。そのため、すべての教材を網羅して使用しなければならないものではなく、それぞれ興味を持ったテーマについてのみ使用することができるように作成した。

第1章　教材のねらいと構成

　各教材について、いずれも「授業のテーマ」において法教育的題目を、「テーマの趣旨」において当該教材を扱うことの意義を記載している。

　「学習目標」、「評価の視点」においては、法教育授業における学習目標、評価の視点を記載してる。

　法教育の授業においては、事例の結論が複数考えられることから、評価がしにくいとのご意見をいただくことがある。しかし、「法的なものの見方・考え方」そのものの習得が目的であり、設問の答えを出すにあたって、どのように考えたかということ自体が評価対象となるものである。

　授業計画においては、「学習内容・学習活動」、「指導上の留意点」、「評価」が記載されている。評価で記載している記号は、評価の視点と対応している。

　「授業のポイント」においては、設問等について、どんな視点を考えているのか、どんな意図で設問等が作成されているのかについて補足を行っている。さらに法的なものの見方・考え方について、さらに知りたいという場合には、各教材について、前掲『わたしたちの社会と法──学ぼう・法教育』の関連頁等を記載しているので参照いただきたい。

　ワークシートについては、教員用、生徒用をそれぞれセットにしており、教員用には、想定しうる回答等について記載している。

　ワークシート等の形式については、教材相互間の形式の統一よりも、各教材での使いやすさを優先して作成している。

　コラムの内容は、具体的な裁判例や、興味を抱くかもしれない事柄について、記載されている。

2　「第3章　充実した議論を行うために──法教育の技能とは」

　法的なものの見方・考え方を深めていくために重要となる議論の仕方に重点を置いて解説を行ったものである。

　人は他者と意見交換することにより、自己の意見を修正したり、より根拠づけたりすることができ、その過程で人格が形成されていくものである。そのため日本国憲法においても人格形成に関わる重要な権利として表現の自由

を保障している。

　また、多数人が意見交換していく中において、各意見が調整されていくと、自然と多くの人が賛同する見解が生まれてくる。これが多数意見であり、民主主義における多数意見へと進んでいくことから、人と議論することは、民主主義の観点においても重要な権利となる。

　このように個々人の人格形成においても、民主主義国家として充実した意見形成がされるためにも、議論の仕方というものはとても大切な技能であることから、法教育として習得してほしい議論の仕方について記述したものである。

第 2 章

教　材

第1	個人の尊厳

■テーマ

「個人の尊厳」

■テーマの趣旨

　わたしたちの社会のルールや仕組みは、「個人の尊厳」という重要な価値を前提としている。したがって、個人の尊厳の意味を理解することは、主権者としての資質・能力の基礎といえるだろう。

　一般的に、家事分担はこれまでの習わしや力関係による押し付けになりがちである。仮に家族内における家事分担が、お互いの納得に基づくものでなく、押し付けによるものであるならば、家族内において個人の尊厳が尊重されているとはいえない。家族という基本的な社会集団において個人の尊厳が尊重されていなければ、わたしたちの社会において個人の尊厳が尊重されることは期待できないだろう。

　本授業で扱う家族内における家事分担の決定は、多数決になじまない場面であるため、しっかり話し合わなければ結論にたどり着くことができない。家族がお互いに納得のいく結論を得るためには何を話し合うべきであるのか考える必要がある。

　本授業は、家族内における家事分担という身近な問題を題材にして、主権者としての資質・能力の基礎を養い育てることもねらいとしている（関東弁護士会連合会編『わたしたちの社会と法──学ぼう・法教育』（商事法務、2016年）関連頁4～5頁）。

第2章　教　　材

■学習指導案

1　授業名
「わが家の家事分担をどうするか？」

2　学習目標
(1)　個人の尊厳を尊重することの意味を理解する。

　個人の尊厳（憲法13条前段）は、個人の平等かつ独立の人格価値を尊重するという憲法の基本原理である。わたしたちは、お互いの人格を認め、尊重しあう社会を形作っていかなければならない。また、憲法24条2項は、家族生活における両性の本質的平等をうたっている。

　仮に、家族内の家事分担が、お互いの納得に基づくものでなく、これまでの習わしや力関係による押し付けによるものであるならば、家族内において個人の尊厳が尊重されているとはいえないであろう。

　あからさまな差別やいじめが個人の尊厳を傷つけるものとされているのと同様の視点から、家族内の紛争を題材にして、個人の尊厳を尊重することの意味を考える。

(2)　みんなが納得できる意思決定の方法を体得する。

　話し合うこと、異なる意見を言うこと、異なる意見に耳を傾けること、少数意見を排除しないこと、話合いの前後で自分や相手の意見が変わることなど、このような過程を経て意思決定が行われることを体得する。

3　評価の視点

a　個人の尊厳を尊重することの意味を理解できる。

b　家事分担が規範、習わしや力関係による押し付けになりやすいことを理解できる。

c　お互いが納得のいく意思決定ができるような方法を考えることができる。

d　自身と他人の認識や意見の一致・不一致に気付くことができる。

16

第1　個人の尊厳

4　授業計画【50分】

時間	学習内容・学習活動	指導上の留意点	評価
導入 5分	○将来の家事を想像する 将来、あなたがパートナーと暮らすようになった時のことを想像し、あなたがたが日常的に行う「家事」を思いつくだけあげてみよう。 ・ワークシートのQ1を記入し、その回答を発表する。 ○家事の目的 「家事」の目的はなんだろう？ ・ワークシートのQ2を記入し、その回答を発表する。	・自分のこととして考えさせるために将来を思い描かせる。 ・生徒に発言を求め、家事の具体的イメージや目的を共有させる。 ・「パートナー」という言葉を使ったのは、近年、結婚の形が変わってきたことによることに触れる。	d
展開 5分	○家庭生活に関連する法律 家事の分担に関して、何かルールは決まっているのか、家庭生活に関連する法律を確認してみよう。 ・以下の条文を読む。 憲法13条前段：すべて国民は、個人として尊重される。 憲法24条2項：配偶者の選択、財産権、相続、住居の選定、離婚並びに婚姻及び家族に関するその他の事項に関しては、法律は、個人の尊厳と両性の本質的平等に立脚して、制定されなければならない。 民法752条：夫婦は同居し、互いに協力し扶助しなければならない。 ・どの規定も家事分担の問題解決に直ちに役立たないことを確認する。	・家庭生活に関連する条文を紹介し、憲法や法律の定めがあるからといって条文は抽象的なので問題解決には直接に結びつかないことを確認させる。 ・条文の中から、「個人の尊厳と両性の本質的平等」や「夫婦は…、互いに協力し扶助しなければならない」の部分について強調し、次の学習活動（「家事分担の理想」）につなげるようにする。	

17

第2章 教　　材

展開 10分	○家事分担の理想 もし自分がパートナーと同居しており共働きだったとして、「家事」は誰がどのくらいやればよいと思いますか。そして、家事分担を考える際には、どんな点に注意しますか。 ・Q3について、隣の生徒と話し合い、適宜ワークシートに記入し、その回答を発表する。	・生徒に発言を求め、理想の家事分担の考え方を共有させる。その際、先ほど強調した憲法や法律の条文を意識させるようにする。	d
展開 15分	○【事例】の内容の確認 ワークシートの【事例】「1．登場人物」では、誰がどのくらいの量の家事を担当していましたか。そして、そのような家事分担になった理由は何ですか。 ・ワークシートの【事例】「1．登場人物」を読み、「あなた」と「大好きなあの人」の関係とそれぞれの事情、そして家事の分担の状況を把握し、家事分担がそのようになった理由を考えQ4に記入し、その回答を発表する。 ○問題状況の把握 「大好きなあの人」は家事分担の今の状況に不満があるようです。不満を感じている原因はどこにあると考えられますか。 ・【事例】「2．問題発生」を読み、Q5にについて隣の生徒と話合い、適宜ワークシートに記入し、その回答を発表する。	・【事例】の内容をしっかりと把握させ、生徒からの質問に答える。 ・「理由」については、多様な意見や考え方を認めるようにする。 ・生徒に発言を求め、推測した理由を共有させる。 ・他人の気持ちを推し量ることの難しさや自分と異なる考え方があることを実感させる。	d

第1　個人の尊厳

| 展開 10分 | ○家事分担に関する問題の解決策「あなた」は、「大好きなあの人」の不満を解消するために何をするべきでしょうか。・「あの人」の不満の原因を踏まえながら、Q6について、隣の生徒と話合い、適宜ワークシートに記入し、その回答を発表する。 | ・生徒に発言を求め、解決方法を共有させる。・互いに納得のいく結果を得るためには「話合い」が不可欠であることや解決策が1つではないことを確認させる。 | a c d |
| まとめ 5分 | ○補足 | ・話合いによる意思決定が原則であることを体得することも授業の目的であることを伝える。 | |

5　授業のポイント

(1)　導入では、授業内容を簡単に説明する。そのうえで、生徒自身の家庭における家事分担の現状を前提とするのではなく、<u>自身が将来パートナーと一緒に生活する時をイメージするように促す</u>。

(2)　Q1とQ2は、家事分担について話合うにあたって、具体的な「家事」のイメージを共有するとともに、「家事」の目的を確認・共有することを目的とする。また、生徒が発言しやすい雰囲気を作ることも意図している。

生徒がイメージする「家事」が概ね共通していることが確認できればよい。

(3)　続く展開では、家事分担に関連する法律の規定はどのようになっているか紹介し、いずれの規定も家事の分担をどのように決めるかという問題の解決に直ちに役に立たず、結局、それぞれの家族に委ねられていることを確認する。

> 憲法13条前段：すべて国民は、個人として尊重される。
> 憲法24条2項：配偶者の選択、財産権、相続、住居の選定、離婚並びに

第2章 教 材

> 婚姻及び家族に関するその他の事項に関しては、法律は、個人の尊厳と両性の本質的平等に立脚して、制定されなければならない。
> 民法752条：夫婦は同居し、互いに協力し扶助しなければならない。

　⑷　Q3は、設問の条件下で、生徒が思い描く家事分担の理想的な状況を共有することを目的とする。

　Q4以降では夫婦間の家事分担に関するトラブル状況の解決策を生徒が検討することになるが、解決策（現実的な落としどころ）を検討するにあたっては、まずは理想的な状況を思い描いて、次に理想的な状況と現実の状況に折り合いをつけるための解決策を模索するという思考をたどると思われるため、解決策を提示する際に前提とされるであろう理想的な状況を確認・共有する。

　もっとも、生徒が思い描く理想的な状況はそれぞれ異なるものかもしれない。各人の理想とする状況が必ずしも一致しないことを知ることにも意義がある。

　ここでは、「①半分ずつ、②平等」、「①半分ずつ、②得意・不得意を考慮」、「①半分ずつ、②労働時間等の個別事情を考慮」等という応答が想定される。

　もっとも、何をもって「半分」と評価するかは単純な問題ではない。

　何をもって「半分」と評価するかという点は、家事分担を考えるうえでは避けて通れない点である。しかし、この点を探求することは、本授業の目的とするところではなく、また、授業時間内で処理しきれる問題ではない。そのため、「半分ずつ」が理想であるという点を確認したうえで、何をもって「半分」と評価するかという難題があることを指摘するにとどめ、あるいは「半分」と評価するにあたっての考慮要素（労働強度、所要時間、得意・不得意などがあがると想定される）をあげさせ一筋縄ではいかない問題であると指摘し、授業を進行する。

　⑸　続く展開では、まず【事例】の前提となる1．登場人物を読み上げる。

　Q4では、「①「大好きなあの人」、②「ほとんど」の家事」という応答以外は想定していない。問題状況を的確に把握することを意図している。

③は、【事例】における問題状況を生じさせた原因を考えさせることを目的とする。原因の把握は解決策を探索するにあたって役に立つであろう。原因をどのように考えるかは、生徒各人で異なる可能性があるため、異なる考えを共有することも意図した（仮に共通した考えだとしても、それを確認することに意味はある。）。

「働き方の違い（通勤と在宅勤務）」、「あなたは腕に麻痺がある」、「思いやり」等の反応が予想される。

(6)　Q5は、解決策を模索するにあたっては相手の置かれた状況を理解することが必要となるが、他人の気持ちを推し量ることの難しさとともに、自分と異なる思考様式があるのだということも実感することを意図している。

「あなたはあの人に対して感謝の気持ちを持っておらず、あの人にはそのことがストレス」、「家事負担の片寄りが精神的ストレスに」、「あなたはあの人と結婚して、安心してしまい、甘えている」、「あなたはあの人に対し思いやりがない」、「あの人の機嫌がたまたま悪かった」等さまざまな応答があるだろう。

(7)　Q6は、互いに納得のいく結果を得るためには「話合い」をするほかないのだということを確認するとともに、解決策はひとつでないことを確認することを意図した。

「あやまる」、「いつから不満に思っていたのか確認する」、「家事の仕分け」、「得意・不得意なものを聞く」、「腕に麻痺があってもできる家事があるかを考え、できるものはやる」等さまざまな視点からのアプローチが想定されるが、「話合い」で解決策を模索すべきという点は共通すると予想される。

不満解消方法についての提案は、Q3で想定した理想的な状況に沿うようなものに偏る可能性がある。理想的すぎる提案ばかりのときは、実際に自分だったらどう思うかという視点を含めた提案を聞いてもよいだろう。半分ずつの家事分担を前提とする提案ばかりでなく、当事者がよくよく話合って納得のうえで家事担当者を1人に決めるという方法もあり得るはずである。

また、「話合い」をする前提として、機嫌を損ねている人物に対しては、「あやまる」ほか、相手の言い分を聞くことも必須であろう。「話合い」のかた

第2章　教　　材

ちで自分の考えを押付けるようなことになってはいけない。

　さらに、「話合い」を始める前に、今後も家族の関係を継続可能なのかについて相手の意向を確認する必要はあるだろう。仮に関係を継続することが不可能ということになれば、関係解消（例えば、別居や離婚等）という方法も選択肢にあがってくる。

　⑻　本授業の目的は、個人の尊厳を尊重することの意味を理解すること、話合いによる意思決定が原則であることを体得することにあると最後に確認する。

第1　個人の尊厳

6　ワークシート（教員用）

年　　組　　番　　名前

【事例】
1．登場人物
  (1)　「あなた」
    ・今年の春、大学を卒業して会社員になった。
    ・通勤時間は電車で片道約1時間。
    ・学生時代に交通事故に遭ったため、利き腕ではない方の腕が麻痺している。
  (2)　「大好きなあの人」
    ・在宅勤務でコンピュータ・プログラマーの仕事をしている。
  (3)　ふたりに共通する事情
    ・ふたりは、学生時代から付き合っており、3か月前に結婚した。
    ・家賃7万円の賃貸住宅（2DK）で同居。
    ・生活費（住居費・食費・光熱費など）は折半している。
    ・家事のほとんどを「大好きなあの人」が担当している。
    ・家事の分担について、ふたりで話合ったことはなく、働き方の違いから自然と今のようになってしまった。
2．問題発生
  (1)　ある日、「あなた」は、いつもと同じくらいの時間に帰宅した。
  (2)　いつもは「大好きなあの人」が「おかえり！」と元気に出迎えてくれる。
  (3)　しかし、その日は出迎えがなかった。
  (4)　「あなた」は、部屋に入って、「大好きなあの人」に「ただいま。おなかが空いちゃった。」と話しかけた。
  (5)　すると、「大好きなあの人」は、「あなた」に対して、「私は『家事代行』じゃない！！」と叫んで、外に出て行ってしまった。
     （※　家事代行　＝　家庭における家事を補助・代行する仕事）

Q1．わたしたちが日常行っている「家事」を思いつくだけあげてみよう。
炊事、ごみ出し、買い物、清掃（室内、浴室、トイレ等）、洗濯、アイロンかけ、裁縫、切れた電球の交換、来客の対応、家計簿をつける、等々

23

第2章　教　　材

Q2.「家事」の目的は？
快適に生活するため、等

Q3.①もし自分がパートナーと同居しており共働きだったとして、「家事」
は誰がどのくらいやればよいと思いますか？
　　　②家事の分担を考える際には、どんな点に注意しますか？
①　できる人ができる範囲で、平等に分担する
②　やるべき家事の負担・家事をする人の能力

Q4.【事例】では、①誰が、②どのくらいの量の、「家事」を担当していま
したか？③そのような家事分担になった理由は何ですか？
①　「大好きなあの人」が
②　「ほとんど」の家事を担当
③・ふたりで話合ったことはない
　・働き方の違いから自然と今のようになってしまった
　・「あなた」の片腕に障害がある

Q5.「大好きなあの人」は家事分担の今の状況に不満があるようです。
　　　　なぜ、不満を感じていると考えられますか？
・家事分担が「大好きなあの人」に偏っている
・話合いがなかった
・ほとんどの家事を担当しているのに感謝の気持ちが感じられない

Q6.「あなた」は、「大好きなあの人」の不満を解消するために何をするべ
きですか？
・あやまる
・今後も関係を継続できるか確認する
・相手の言い分を聞く
・話合う
・家事分担の改善策を提案　　　等々

第1 個人の尊厳

7 ワークシート（生徒用）

年　　組　　番　　名前

【事例】
1．登場人物
　(1)　「あなた」
　　　・今年の春、大学を卒業して会社員になった。
　　　・通勤時間は電車で片道約1時間。
　　　・学生時代に交通事故に遭ったため、利き腕ではない方の腕が麻痺している。
　(2)　「大好きなあの人」
　　　・在宅勤務でコンピュータ・プログラマーの仕事をしている。
　(3)　ふたりに共通する事情
　　　・ふたりは、学生時代から付き合っており、3か月前に結婚した。
　　　・家賃7万円の賃貸住宅（2DK）で同居。
　　　・生活費（住居費・食費・光熱費など）は折半している。
　　　・家事のほとんどを「大好きなあの人」が担当している。
　　　・家事の分担について、ふたりで話合ったことはなく、働き方の違いから自然と今のようになってしまった。
2．問題発生
　(1)　ある日、「あなた」は、いつもと同じくらいの時間に帰宅した。
　(2)　いつもは「大好きなあの人」が「おかえり！」と元気に出迎えてくれる。
　(3)　しかし、その日は出迎えがなかった。
　(4)　「あなた」は、部屋に入って、「大好きなあの人」に「ただいま。おなかが空いちゃった。」と話しかけた。
　(5)　すると、「大好きなあの人」は、「あなた」に対して、「私は『家事代行』じゃない！！」と叫んで、外に出て行ってしまった。
　　　（※　家事代行　＝　家庭における家事を補助・代行する仕事）

Q1．わたしたちが日常行っている「家事」を思いつくだけあげてみよう。

第2章　教　材

Q2.「家事」の目的は？

Q3.①もし自分がパートナーと同居しており共働きだったとして、「家事」
は誰がどのくらいやればよいと思いますか？
　　②家事の分担を考える際には、どんな点に注意しますか？
①
②

Q4.【事例】では、①誰が、②どのくらいの量の、「家事」を担当していま
したか？③そのような家事分担になった理由は何ですか？
①
②
③

Q5.「大好きなあの人」は家事分担の今の状況に不満があるようです。
なぜ、不満を感じていると考えられますか？

Q6.「あなた」は、「大好きなあの人」の不満を解消するために何をするべ
きですか？

第2 平　　等

第2	平　　等

■テーマ
「平等」

■テーマの趣旨
　人が社会を形成するにあたっては、お互いの人格を認め、尊重し合うことが必要である。このような個人の尊厳の考え方からは、それぞれの人格面での価値に差を設けることは、基本的に許されないことになる。それが「平等」の出発点である。

　もっとも、個人の尊厳は、その多様性を尊重することでもある。そこで、形式的に等しく取り扱うのではなく、個人の違いに着目し、取扱いに区別を設けることも許容されることがある。

　本授業においては、様々な設題を通し、「公平」という視点をもちながら、「平等」について学ぶことをねらいとしている（関東弁護士会連合会編『わたしたちの社会と法——学ぼう・法教育』関連頁5～6頁）。

第２章　教　　材

■学習指導案

1　授業名

「平等を考える」

2　学習目標

「平等」には、「形式的な平等」と「実質的な平等」とがあることを理解する。そして、具体的な事情をもとに、「平等」を考えるときに「公平」の視点をもつことで、多角的に考えられることを理解する。

3　評価の視点

---

a　「形式的な平等」と「実質的な平等」の違いを理解できる。

b　どのような場合に「公平」と言えるかを考えることができる。

c　公平感のある「平等」のために、物事を多角的に捉えることができる。

4　授業計画【50分】

時間	学習内容・学習活動	指導上の留意点	評価
導入 10分	○資料（33頁）の絵の読み取り 今日の授業は、この絵の謎解きをすることがねらいです。この絵からどんなことを感じますか。 ・絵を見ての感想を数人が述べる。 「ごはんを食べようとしている子どもたちの背格好が違う。」 「子ども用の椅子に座ってごはんを食べている子どもがいる。」	・絵の謎解きの説明は授業の最後で行う。 ・何が同じで何が違うのかに着目させて、問題に対して興味関心をもたせるようにする。	a

28

第2 平　　等

	○身近にある不平等 あなた方が生活して「不平等だ」と感じることはありますか。それはどんなことですか。 ・2、3人が回答する。 「力仕事は男子にまかされる。」 「『年上なのだから』と言われる。」	・この回答については、授業のまとめで言及するので、書き留めておくよう指示する。	
展開1 15分	○売上金の分配1 ・事例1の文化祭の売上金の分配に関するワークシートを読み、Q1～3に回答する。 ・Q1について、各自の意見を述べる。4人に均等な金額で分配することを「形式的な平等」ということを理解する。 ・Q2について、単純に人数で割らずに働いた時間など、個々の事情に即した金額で分配することを「実質的な平等」ということを理解する。 ・Q3について、Q1とQ2の結果を比較して、「形式的な平等」と「実質的な平等」との違いを考える。	・事例1については、Q1とQ2では、機械的に金額を分配するのと、労働時間を考慮して分配するのとでは、単純に「平等」といっても結論の違いがあり、これは「平等」の考え方の違いによることを明らかにさせる。 ・Q3は、「平等」であっても「公平」とは感じられない場合があることなどを理解させる。	a b c
展開2 20分	○売上金の分配2 ・文化祭の売上金を同額ずつ「平等に」分配した事例2のワークシートを読み、Q1の事情①～③に関して回答し、それぞれの事情ごとに、「平等」と考える生徒、考えない生徒のそれぞれから理由を発表する。 ・事情①－1から、全員が同じ時間働いているにもかかわらず、結果として売った数が異なる点に気付く。 ・事情①－2から、「平等」に配分されたものを「公平」と感じるかどう	・グループごとに話し合わせ、発表は個人の意見を述べさせる。 ・事情①から③において、なるべく公平と不公平との両方の意見を引き出すようにし、もし生徒の意見に偏りが見られた場合、教師から別の視点を提示する。 ・①－2は発展課題のた	c

29

第２章　教　材

	かを検討する際には、さまざまな視点が必要であることを理解する。	め、進行状況によって実施する。 ・「勤務態度」という要素が事情に加わっていることに気付かせる。	
	・事情②から、「平等」を考えるうえで、「適格性」の視点が有用であることを理解する。	・C君は他の３人より勤務時間が短いこと、ただし、それには事情があることに気付かせる。 ・A君とC君の事情が異なることに気付かせる。	
	・事情③－１から、「平等」を考えるうえで、「必要性」の視点が有用であることを理解する。	・事情②との違いを意識させる。	
	・事情③－２から、１人だけ勤務時間が短いものの学年が１学年上であるという個別の事情があることを理解する。	・③－２は発展課題のため、進行状況によって実施する。この関連説明では、憲法14条の「法の下の平等」と関連付けることが考えられる。	
まとめ ５分	○平等の判断基準 「平等」の判断基準として考えられるものをあげてみましょう。 ・事例２のＱ２について、グループごとに考え、話し合い、発表することで「平等」を考えるために必要な視点（基準）を確認する。	・何が「平等」であるかという問いには、唯一の正解はないということを認識させる。	c
	・資料（33頁）の絵の謎解きを聞き、この絵が「形式的な平等」と公平感のある「平等」の違いを表していることを確認する。	・左右の絵を比較すると「椅子の種類」「食器」「ごはんの量」に違いがあることを確認する。それぞれに違いがあることは一見不平等	

| | | にも見えるが、それぞれにとって食事のしやすい道具を利用し、適当な量を食べることは公平であることを説明する。 | |

5 授業のポイント

(1) 設問の構成について

事例は1及び2からなっており、それぞれ設問がある。

(2) 事例1について

Q1では、「形式的な平等」について理解させる。「形式的な平等」とは、個々人の違いを捨象し、機械的に等しく扱うことを指す。

Q2では、A君の「不平等だ」という意見から、誰にでも均等な金額で分けることが必ずしも「平等」ではないことに気付かせる。すなわち、「形式的な平等」では問題が生じる場合について理解し、「平等」という考えにはいろいろな側面、考え方があり、事情に即した取扱いが重要であることに気付かせることに主眼がある。すなわち、本問では、個々人の「働いた時間」に着目し、金額を配分しているのであり、これを「実質的な平等」ということを理解させる。

Q3では、分け方に納得がいくことが公平感であるが、さらに踏み込んで公平感のある「平等」とは何かについて考える端緒とする。

(3) 事例2について

この事例について、設問は、班ごとにグループディスカッションをして、班の意見を取りまとめるという進め方をしてもよい。

Q1では、平等・公平に資するとされた時給制に基づき、「平等」に配分したものが、別の側面（各人の売上個数）に着目すると一転して公平ではないという帰結になるというところがポイントである。

＊事情①－2は発展問題として進行状況に応じては省略してもよい。もし扱うようであれば、多くの視点がこの設例に含まれていることを意識させ

第2章　教　　材

る。気付かせる点は、一生懸命に働いた3人の間でも、作った杏仁豆腐の数に差があることである。質問例としては、次のようなことが考えられる。

・そもそも一生懸命かどうかは、どのように判断するのか（「勤務態度」を判断するための客観的な基準が存在しないのではないか）。

・仮に一生懸命に働いていなくても、A君が50個の杏仁豆腐を売っていたらどうか。（10個しか売っていないという前提であれば「勤務態度」を考慮すべき、という意見の生徒も多いことが予想されるが、一方で、50個売った場合には「貢献度」に応じた分配をすべきだと考えるのであれば、結局、「勤務態度」はそもそも考慮すべきなのか。）

　事情②では、C君の分配額を減額すべき事情（実際には1時間しか働いていないこと）と、減額すべきでない事情（不可抗力で1時間しか働けなかったに過ぎず、ハチに刺されていなければ2.5時間働いていたはずであること）があり、公平だと感じるかという点からは評価がわかれる。

　事情③－1では、登場人物の事情に違いがある。そこから、救済の必要性と他方で配分が減ることの相当性について考えさせる。

　＊事情③－2は進行状況に応じて省略してもよい。

　指摘すべき点としては、次のようなことが考えられる。

・いずれも、個人の属性に注目して扱いを変えていること

・事情③－2は取り扱いに差を設ける合理性に乏しいのに対し、事情②や事情③－1は異なる取り扱いをすることに一定の合理性が認められること

　質問例としては、「A君が大学生ではなく、顧問の先生だった場合はどうか」等が考えられる。

　Q2では、ここまでの事例で検討した「平等」か否かという問題に対して、「能力」、「適格性」、「必要性」等の視点が有用であること、そして、公平感のある「平等」というものには唯一の正解はないという点を理解させる。

　また、授業の最後に、冒頭で示した絵を再度提示し、「形式的な平等」と公平感のある「平等」の違いを表現したものであり、「平等」は多角的に考えられることに気付かせる。

32

第2 平　　等

資料

第2章　教　　材

6　ワークシート（教員用）

年　　組　　番　　　名前

【事例1】

　あなたは大学3年生で、テニスサークルの代表を務めています。

　同じサークル仲間のA君、Bさん、C君の3人と、大学の文化祭で杏仁豆腐のお店を出店することになりました。

　その結果、売上金が合計で1万円となりました。

Q1　あなたは、みんなに「平等」に売上金を分けようと思い、一人2,500円ずつ支払いました。

　　　この分け方が「平等」といえるのは、なぜでしょうか。

・お金をみんなで4等分しているので、差がないから平等といえる。

Q2　あなたは、みんなに「平等」に支払ったので、みんなが喜んでくれると思っていました。しかし、A君から、この分け方は「不平等だ、納得できない。」と文句を言われてしまいました。A君が不満に感じたのは、この日、杏仁豆腐のお店では、A君が4時間、Bさんが3時間、あなたが2時間、C君が1時間と、それぞれ働いた時間が異なっていたためでした。

　　　A君が「平等」と感じるためには、どのように売上金を分ける必要があるでしょうか。

・働いた時間を基準として、A君を4,000円、Bさんを3,000円、あなたに2,000円、C君に1,000円として分ける。

Q3　Q1の分け方とQ2で考えた分け方では、どちらの分け方が「平等」だと思いますか。

　　　また、なぜ「平等」な分け方をしなければならないのでしょうか。

第2　平　　等

（前段について）

・時給で分けたほうが平等。みんな働いた時間が違うのであれば、働いた分だけもらえないのはおかしい。

・頭割りで分けたほうが平等。時間で分けるのは、各人がどれだけ売り上げたか分からないので逆に不平等になる。

（後段について）

・平等にしないと、働く気をなくすから。

【事例２】

　あなたは大学３年生で、テニスサークルの代表を務めています。

　同じサークル仲間のA君、Bさん、C君の３人と、大学の文化祭で杏仁豆腐のお店を出店することになりました。

　４人は午後１時30分から午後４時までの２時間半、働くことになりました。

　その結果、売上金が合計で１万円となったので、一人2,500円ずつ分けることになりました。

Q1　もし次のような事情があった場合、この分け方は「平等」といえるでしょうか。その理由も書きましょう。

事情①－1

・４人とも怠けることなく一生懸命働きました。その結果、４人がそれぞれ売った杏仁豆腐の数は、A君が10個、Bさんが20個、あなたが30個、C君が40個でした。

　・不公平。

　　４人の売上にそれぞれ違いがあるのに、同じ金額しかもらえていないから。

　・公平。

　　４人とも一生懸命働いているから。

35

第2章 教　材

✳事情①－2(発展問題)

・A君だけ怠けて一生懸命仕事をしませんでしたが、他の人は怠けることなく3人とも同じくらい一生懸命働きました。その結果、4人がそれぞれ売った杏仁豆腐の数は、A君が10個、Bさんが20個、あなたが30個、C君が40個でした。

事情②

・この日、C君は、2時間半働くつもりでした。しかし、C君が杏仁豆腐を売っている最中、スズメバチが飛んできて刺されてしまい、病院へ行くことになったため、実際にはC君だけ1時間しか働けませんでした。

・不公平。
　C君は実際には1時間しか働いていないのでもらうのはおかしい。
・公平。
　C君も働くつもりだったのに、自分ではどうしようもないことがらによって働けなくなったから（それでもみんなと同じはやりすぎなので、減額するという意見もあり得る。）。

事情③－1

・このテニスサークルでは、近々遠征をすることになっています。A君は裕福な生活を送っており、自分のお小遣いだけでその費用を負担することができたのですが、C君は経済的に苦しく、お小遣いだけでは費用を負担しきれないので、文化祭での売上金の分け前をそれにあてようとしている状況でした。

・不公平。
　C君の経済的な立場を考えれば、C君にはもっと分け前を増やすべきだから。
・公平。

36

第2 平　　等

みんな同じ時間働いていたので、同じ金額を分けるべきだから。

＊事情③－2 （発展問題）

・この日、A君は、本当は1時間しか働いていませんでした。しかし、A君は、一人だけ大学4年生で、他の3人は大学3年生だったので、全員に同じ金額で分けることにしました。

Q2　これまでの学習をもとに、「平等」に売上金を分けるためには、どのように分け前を決めればよいでしょうか。その際に基準となる考え方をいくつか挙げましょう。

・それぞれがどのくらい売り上げたか。
・全体の売上にどれくらい貢献したか。
・どのくらいの時間働いたか。
・それぞれに多く・少なく支払われるべき事情があるか。
・働けなかったとしても働いたことと同じように扱うべき事情があるか。
・もらう人の立場はどのような立場か（リーダーとそれ以外など）
＊これらの基準から、基準の設定の難しさ、公平に唯一の正解はないことを示す。

37

第2章　教　　材

7　ワークシート（生徒用）

年　　組　　番　　　名前

【事例1】

　あなたは大学3年生で、テニスサークルの代表を務めています。

　同じサークル仲間のA君、Bさん、C君の3人と、大学の文化祭で杏仁豆腐のお店を出店することになりました。

　その結果、売上金が合計で1万円となりました。

Q1　あなたは、みんなに「平等」に売上金を分けようと思い、一人2,500円ずつ支払いました。

　　この分け方が「平等」といえるのは、なぜでしょうか。

| |
| |

Q2　あなたは、みんなに「平等」に支払ったので、みんなが喜んでくれると思っていました。しかし、A君から、この分け方は「不平等だ、納得できない。」と文句を言われてしまいました。A君が不満に感じたのは、この日、杏仁豆腐のお店では、A君が4時間、Bさんが3時間、あなたが2時間、C君が1時間と、それぞれ働いた時間が異なっていたためでした。

　　A君が「平等」と感じるためには、どのように売上金を分ける必要があるでしょうか。

| |
| |

Q3　Q1の分け方とQ2で考えた分け方では、どちらの分け方が「平等」だと思いますか。

38

第 2 平　　等

また、なぜ「平等」な分け方をしなければならないのでしょうか。

【事例 2】

　あなたは大学 3 年生で、テニスサークルの代表を務めています。

　同じサークル仲間の A 君、B さん、C 君の 3 人と、大学の文化祭で杏仁豆腐のお店を出店することになりました。

　4 人は午後 1 時 30 分から午後 4 時までの 2 時間半、働くことになりました。

　その結果、売上金が合計で 1 万円となったので、一人 2,500 円ずつ分けることになりました。

Q 1　もし次のような事情があった場合、この分け方は「平等」といえるでしょうか。その理由も書きましょう。

事情①－ 1

・4 人とも怠けることなく一生懸命働きました。その結果、4 人がそれぞれ売った杏仁豆腐の数は、A 君が 10 個、B さんが 20 個、あなたが 30 個、C 君が 40 個でした。

＊事情①－ 2 （発展問題）

・A 君だけ怠けて一生懸命仕事をしませんでしたが、他の人は怠けることなく 3 人とも同じくらい一生懸命働きました。その結果、4 人がそれぞれ売った杏仁豆腐の数は、A 君が 10 個、B さんが 20 個、あなたが 30 個、C 君が 40 個でした。

39

第2章 教　材

事情②

・この日、C君は、2時間半働くつもりでした。しかし、C君が杏仁豆腐を
　売っている最中、スズメバチが飛んできて刺されてしまい、病院へ行くこ
　とになったため、実際にはC君だけ1時間しか働けませんでした。

事情③－1

・このテニスサークルでは、近々遠征をすることになっています。A君は裕
　福な生活を送っており、自分のお小遣いだけでその費用を負担することが
　できたのですが、C君は経済的に苦しく、お小遣いだけでは費用を負担し
　きれないので、文化祭での売上金の分け前をそれにあてようとしている状
　況でした。

＊事情③－2（発展問題）

・この日、A君は、本当は1時間しか働いていませんでした。しかし、A君
　は、一人だけ大学4年生で、他の3人は大学3年生だったので、全員に同
　じ金額で分けることにしました。

Q2　これまでの学習をもとに、「平等」に売上金を分けるためには、どの
　　　ように分け前を決めればよいでしょうか。その際に基準となる考え方を
　　　いくつか挙げましょう。

第3　損害の公平な分担

第3	損害の公平な分担

■テーマ

「損害の公平な分担」

■テーマの趣旨

　わたしたちの生活する実社会では様々な場面、状況において種々の争いごとが生じ得る。

　しかしながら、わたしたち一人ひとりが、必ずしも自己の言い分のみが「正義」・「公正」であるとは限らないことを良く理解したうえで、他者の立場にも配慮をした行動を取ることができれば、争いごとを避けられることも多い。

　また、現に争いごとが生じたときの適切な対応や解決策を考えることができれば、当事者同士で速やかに解決を図ることができ、社会生活の安定にもつながるであろう。

　いかなる争いごとに対応するに際しても、まずは、それぞれの当事者の置かれた状況や利害関係等を正確に整理・把握することが必要不可欠である。そのうえで、適切な解決を図るためには、「配分的正義」、「匡正的正義」、「手続的正義」という多角的な視点が必要となる。

　本授業は、「ある生徒が学校に持ってきてはいけないゲーム機を持ち込んで、学校内でそれが壊されてしまった」という具体的な事例について、各当事者の責任をどのように決めるべきかを検討しながら、「損害の公平な分担」を考えることを通して、「正義」・「公正」の視点を学ぶことをねらいとするものである。

　もっとも、「法律的に正しい答え」に到達することは、この授業の目的ではない。この事例の検討を通して、生徒一人ひとりが争いごとに対して適切な解決を図る「思考過程」を体験することこそが重要である（関東弁護士会連合会編『わたしたちの社会と法──学ぼう・法教育』関連頁5～6頁）（参考教材：法教育フォーラム「わたしたちと社会生活～バイオリンが壊れちゃった！～」）。

41

第2章 教　　材

■学習指導案

1　授業名

「ゲーム機が壊れちゃった…」

2　学習目標

① 「学校に持ってきてはいけないゲーム機を持ち込んで、学校内でそれが壊されてしまった」という状況を想定し、その場合にどのような解決を図ることが、「正義」・「公正」に適うのかを検討することを通して、「公平」の意味を考える。

② 具体的な争いごとについて、事例を読み解いて当事者それぞれの立場を理解した上で、それぞれの意見・主張を整理して、「正義」・「公正」な解決策について自らの意見を形成することができるようになる。

③ 「正義」・「公正」を考える際には、複数の視点があることを知り、実生活の争いごとにおいて「正義」・「公正」な解決を図ることができるようになる。

3　評価の視点

a 具体的な事例について、問題となっている状況を客観的に整理、把握することができる。

b 争いごとが生じる状況においては、人により異なる立場に立っており、それぞれの言い分があることを理解し、それに対して自らの意見を述べることができる。

c 争いごとの解決を図る際には、関係する複数人の意見を聞き、「正義」・「公正」の観点から、その調整を図る必要があることを理解できる。

d 「正義」・「公正」の内容として、「配分的正義」、「匡正的正義」、「手続的正義」の視点があることを理解し、具体的な事例について、それぞれの視点を考慮した適切な解決案を示し、かつ、その理由を述べることができる。

第3 損害の公平な分担

4 授業計画【50分】

時間	学習内容・学習活動	指導上の留意点	評価
導入 5分	○「正義」・「公正」のイメージ 「正義」・「公正」という言葉について、どのようなイメージを持ちますか。	・明確な答えを出す必要はなく、「正義」・「公正」の概念が不明確なものであることを確認できれば良い。	
展開1 20分	○本日の授業のねらい 今日の授業は、「損害の公平な分担」というテーマをもとに、「正義」・「公正」について考えていきます。 ○資料1「ゲーム機が壊れちゃった」の内容把握 ・資料1を読む。 ・資料2で、資料1の要点を確認する。 ○関係者の主張と反省点 ・ワークシートの課題1のAさん、Bさん、Cさんそれぞれの言い分と反省すべき点を考え、まとめる。 ・班の中でそれぞれ生徒の言い分と反省点を発表し合い、Aさん、Bさん、Cさんそれぞれに言い分と反省点があることを確認する。	・生徒に黙読させる又は教師が読み上げる。 ・ゲーム機が壊れたことに関係するAさん、Bさん、Cさんそれぞれの状況を正確に把握させる。 ・班ごとに3人の立場を生徒に割り振り、その立場から言い分と反省点を検討させる。 ・それぞれの立場から、言い分と反省点を発表させる。	a b
展開2 20分	○「損害の公平な分担」を考える ゲーム機が壊れたという損害に対して、関係者がどのような分担をすることが公平であるといえますか。 ・ワークシートの課題2に取り組み、Aさん、Bさん、Cさんそれぞれの立場からの意見を調整し、妥当な解	・各班で話し合いをして、班としての解決案を出させる。 ・結論の理由として登場人物3人の言い分の調整を各班なりに試みたことが述べられていれ	c d

43

第2章　教　　材

			ば、どのような結論であっても良い。	

| まとめ 5分 | ○本日の授業のまとめ ・あるトラブルが生じた場合、当事者それぞれの立場からの主張があり、トラブルを適切に解決するためには、それらの主張をよく理解したうえで、「正義」・「公正」の観点から調整する必要があることを確認する。 | ・主張を調整しトラブルを解決するためには、それぞれの当事者が言い分について相手を説得するよう働きかけることと、自らの反省点については相手に譲歩することの両方が必要となることを理解させる。 | |
| | ・相手を説得すべき又は相手に譲歩すべき理由として、「配分的正義」、「匡正的正義」、「手続的正義」の視点が挙げられることを確認する。 | ・3つの正義に関しては、簡単な説明に留める。 ・（時間に余裕があれば、）この事例を法律的に検討した場合の考え方を紹介する。 | |

5　授業のポイント

【事例】については、以下のような視点からの考察ができるであろう。

なお、【課題】における「公平」という用語は、「『正義』・『公正』に適う」という意味合いで用いている。

　○配分的正義の視点

　形式的に誰か一人に全責任を負わせたり、単に「喧嘩両成敗」として全員に同じ責任を負わせたりする解決方法は「正義」、「公正」とはいえないのではないか。各自の事情の違いを考慮して、責任（負担額）を配分することが公平といえるのではないか（これは、次の匡正的正義の視点でもある）。

　○匡正的正義の視点

　各自の責任の大きさに応じた負担額を支払わせることが「正義」、「公正」

44

といえるのではないか（責任と賠償額の均衡）。

Ａさんの責任：ゲーム機を学校に持ってきたこと

Ｂさんの責任：Ａさんのロッカーから無断でゲーム機を持ち出したこと

Ｃさんの責任：学校の廊下を勢いよく走っていたこと

　以上の視点のうち、本教材の【事例】では、特に「匡正的正義」の視点から、Ａさん、Ｂさん、Ｃさんそれぞれの「責任の大きさ」を検討することが中心的な課題となる。

　この事例を検討した多くの生徒は、「そもそも学校にゲーム機を持ってきたＡさんの責任が一番大きい」と考えるかもしれない。しかしながら、この事例を法律的に検討した場合、まずは、損害と直接的に因果関係のある行為（＝ゲーム機の損壊の直接的な原因であるＢさんとＣさんの衝突）について、当事者であるＢさんとＣさんの責任の割合を考えることが基本となる。このような法律的な考え方の一例について、詳しくは、コラム（54頁）を参照されたい。

　なお、「配分的正義」「匡正的正義」以外にも、「手続的正義」という視点がある。これは、回復等のための手続きについて「正しさ」を求める正義で、情報の収集と判断の手続きの公正さが内容となる。たとえば、本事例において、全員から事情、主張を聞かずに、支払うべき金額を決めることにした場合などに、問題となる。

第2章 教　材

資料1
【事例】

1　昼休みの出来事

　　ある日の昼休み、Ａさんは、先週発売されたばかりの最新型の携帯用ゲーム機「ジョイステーションポータブル」を学校に持ってきて、教室でクラスメイトに自慢していました。

　　クラスメイトのＢさんも、最新型の「ジョイステーションポータブル」が欲しくて発売日にゲーム屋さんに並んで買おうとしたのですが、大人気商品のため、結局、売り切れで買うことができませんでした。

2　嫉妬するＢさん……

　　Ｂさんは、自慢するＡさんの姿を見て、「うらやましいな……」と思いましたが、「学校にゲーム機を持ってくるのは校則違反だ！」とも思いました。

　　そこで、Ｂさんは、放課後、Ａさんが教室から離れた隙に、Ａさんのロッカーから無断でゲーム機を持ち出すことにしました。Ｂさんは、教室からゲーム機を持ち出した後、しばらく自分でゲームを楽しんでから職員室へ持って行き、担任の先生に「Ａさんが校則違反の物を学校に持ってきていました。」と言ってゲーム機を提出するつもりでした。

3　ゲーム機が壊れちゃった！

　　放課後、Ｂさんは教室から誰もいなくなった隙を見て、こっそりと誰にも見られずに教室に入り、Ａさんのロッカーを開け、ゲーム機を取り出して自分のポケットの中にしまうと、そのまま走って教室から廊下に出ようとしました。

　　ちょうどその時、左方向から凄い勢いで走ってきたＣさんが、教室から廊下に出たＢさんと衝突しました。

　　この時、Ｂさんがゲーム機をしっかり手で握って持っていたら、Ｃさんと衝突してもゲーム機を落とすことはなかったのですが、隠そうとしてポケットに入れた状態であったため、Ｃさんと衝突した衝撃で、ゲーム機はポケットから飛び出して、柱に激しくぶつかりました。ゲーム機は本体や画面にひび割れが入ってしまい、電源も全く入らない状態に壊れてしまいました。

　　実は、Ｃさんは、体育館でバスケットボール部の練習に参加していたのですが、同じ部員のＤさんがプレー中に怪我をしたので、急いで保健室に先生を呼びに行こうとしていたのでした。

46

第3　損害の公平な分担

4　校則に違反している？

　この中学校では、校則で、授業や部活動に必要のないゲーム機や、壊れたり盗まれたりしたら困るような高価な物は持ってきてはいけないことになっていました。

　この日、Aさんが持ってきたゲーム機は3万円もする高価な物でした。

　また、校則では、学校の廊下を歩く時は左側を歩くことがルールとなっており、廊下を走ると人にぶつかったりしてとても危険なので、廊下を走ってはいけないということも校則で決められていました。

　この日、Aさんは、担任の先生から、校則に違反してゲーム機を学校に持ってきたことについて厳しく注意を受けました。そして、もう二度とゲーム機を学校に持ってこないとを約束しました。

5　売り切れ商品、修理もできない！　さあ、どうしよう……

　次の日、Aさんは壊れたゲーム機を修理屋さんに出そうとしましたが、修理屋さんからは、「破損がとても激しくて、修理することは不可能です。」と説明されました。

　また、最新型の「ジョイステーションポータブル」は、現在は売り切れ状態で、どこのお店にも在庫がありません。入荷まではあと3か月くらいかかるそうです。

　そこで、Aさんは、BさんとCさんに対し、壊れたゲーム機の弁償として2人で3万円を払ってもらいたいと考えました。

47

第2章　教　　材

資料2

<事例のポイント>
○　Aさんが、最新型ゲーム機（3万円）を学校に持ってきた。
○　放課後、ゲーム機を持ったBさんとCさんが衝突してゲーム機が壊れて
　　しまった。
○　衝突した時、Cさんは学校の廊下を勢いよく走っていた。
○　衝突した時、BさんはAさんのロッカーから無断でゲーム機を持ち出し、
　　ポケットに入れて持っていた。
○　Bさんがゲーム機を手で握って持っていたら、ゲーム機を落とすことは
　　なかった。
○　Cさんは、Dさんが怪我をしたので保健室に先生を呼びに行こうとして
　　いた。
○　Bさんは、教室から持ち出したゲーム機を先生へ提出するつもりだった。
○　ゲーム機を修理することは不可能、現在は売り切れで在庫がない。

第3　損害の公平な分担

6　ワークシート（教員用）

年　　組　　番　氏名

【課題１】

　Aさん、Bさん、Cさんはそれぞれどのようなことを相手に対して言いたいと考えているでしょうか。

　また、自分にも悪かったところがあるとしたらどのようなことが考えられるでしょうか。

　それぞれの立場に立って、相手に対して言いたいことと自分の悪かったところをまとめてみましょう。

	相手に対して言いたいこと	自分の悪かったところ
Aさんの主張	＜Bさんに対して＞ ・Bさんが勝手にゲーム機を持ち出したせいで、壊れてしまった。 ・Bさんがゲーム機を勝手に持ち出したことは、先生に提出するためであったとしても正当化されない。 ＜Cさんに対して＞ ・Cさんが廊下を走ってBさんにぶつかったせいで、壊れてしまった。 ＜２人に対して＞ ・２人のうちどちらからでもいいから、全額を賠償して欲しい。 ・自分は、担任の先生にゲーム機を学校に持ってきたことについて教員室に呼び出され、厳しく注意を受けた等。	・校則に違反してゲーム機を持ってきた等。
Bさんの主張	＜Aさんに対して＞ ・校則に違反してゲームを持ってきた。 ・ゲーム機を持ち出したのは先生に提出するためであって、自分は悪くない。 ＜Cさんに対して＞ ・校則に違反して廊下の右側を走っていた。	・ゲーム機を無断で持ち出した等。

49

第2章　教　材

	・ゲーム機が壊れたのは、Cさんがぶつかってきたからだ。 ・ぶつかったのは、Cさんが前を見ていなかった不注意のせいだ等。	
Cさんの主張	＜Aさんに対して＞ ・校則に違反してゲームを持ってきた。 ＜Bさんに対して＞ ・ぶつかったのは、Bさんが突然教室から廊下に出てきたせいだ。 ・ゲーム機が壊れたのは、Bさんがちゃんと持っていなかったからだ。 ・廊下を走っていたのは、Dさんが怪我をしたから先生を呼びに行くためであり、自分は悪くない等。	・廊下を走っていた等。

【課題2】

　Aさん、Bさん、Cさんは、壊れたゲーム機の弁償について話し合おうとしていますが、なかなかうまくまとまらないので、あなたが3人から相談を受けました。

　壊れたゲーム機の弁償について公平に解決して、3人とも今後も仲良く学校生活を送るためには、弁償金額3万円をどのように分けたらよいと思いますか。

---

(1)　3人がそれぞれ負担する金額を考えよう。
①3人がそれぞれ負担する比率は…？
　Aさん：Bさん：Cさん＝　　　　　　：　　　　　：

②そうすると、3人がそれぞれ払う金額は…？
　Aさん［　　　　　　　］円
　Bさん［　　　　　　　］円
　Cさん［　　　　　　　］円

50

第3 損害の公平な分担

(2) あなたが、(1)のように考えた理由を簡単に説明してください。

【理由】

第2章　教　材

7　ワークシート（生徒用）

年　　組　　番　氏名

【課題1】

　Aさん、Bさん、Cさんはそれぞれどのようなことを相手に対して言いたいと考えているでしょうか。

　また、自分にも悪かったところがあるとしたらどのようなことが考えられるでしょうか。

　それぞれの立場に立って、相手に対して言いたいことと自分の悪かったところをまとめてみましょう。

	相手に対して言いたいこと	自分の悪かったところ
Aさんの主張		
Bさんの主張		
Cさんの主張		

【課題2】

　Aさん、Bさん、Cさんは、壊れたゲーム機の弁償について話し合おうとしていますが、なかなかうまくまとまらないので、あなたが3人から相談を

第3 損害の公平な分担

受けました。

　壊れたゲーム機の弁償について公平に解決して、3人とも今後も仲良く学校生活を送るためには、弁償金額3万円をどのように分けたらよいと思いますか。

(1)　3人がそれぞれ負担する金額を考えよう。
①3人がそれぞれ負担する比率は…?
　Aさん：Bさん：Cさん＝　　　　　　：　　　　　：

②そうすると、3人がそれぞれ払う金額は…?
　Aさん［　　　　　　　］円
　Bさん［　　　　　　　］円
　Cさん［　　　　　　　］円

(2)　あなたが、(1)のように考えた理由を簡単に説明してください。
【理由】

53

第2章 教　　材

Column　　　　　　法律的な観点からの分析例

　本事例を法律的な観点から検討した場合にはどのように分析できるでしょうか。

　もっとも、以下はあくまで検討の一例であって、本事例の結論は、法律家が分析した場合でも人によって異なると思われます。法律の解釈や適用には、必ずしも唯一の「正解」が存在するわけではありません。それ故、結論そのものよりも「考えるプロセス」の方が重要であるといえます。本教材が、以下の分析例を生徒に教えることを目的として作成されたものではない、という点にくれぐれもご留意ください。

1　BさんとCさんは責任を負うか？

(1)　民法709条は、「故意又は過失によって他人の権利…（中略）…を侵害した者は、これによって生じた損害を賠償する責任を負う。」と規定しています。これを「不法行為責任」といいます。不法行為とは、簡単にいうと、わざと（故意）又は不注意（過失）によって他人に損害を与えることです。過失による不法行為の典型例が交通事故です。このように、民法では、不法行為を行った加害者は、被害者に対して損害を賠償する責任を負う、ということが定められています。

　　また、民法719条1項は、「数人が共同の不法行為によって他人に損害を加えたときは、各自が連帯してその損害を賠償する責任を負う。」と規定しています。したがって、複数の加害者が共同の不法行為によって被害者に損害を加えたときは、複数の加害者は連帯して損害賠償責任を負うことになります。

(2)　本事例で、Bさんはポケットにゲーム機を入れたまま教室の

第3 損害の公平な分担

外に出たらＣさんと衝突しました。他方で、Ｃさんも廊下を走っていたらＢさんと衝突しました。2人が十分に注意して行動していれば衝突は防げたでしょうから、2人には、不注意な点、すなわち「過失」があったといえるでしょう。そして、この衝突を原因としてＡさんのゲーム機が損壊した（Ａさんのゲーム機に対する所有権という権利が侵害された）ことで、Ａさんは「損害」を受けました。この「損害」は、具体的には、弁償金額の3万円です。

また、Ａさんから見れば、"ＢさんとＣさんの衝突"という一個の出来事によって損害を受けたわけですから、この衝突は、ＢさんとＣさんの共同の不法行為であるといえます。したがって、ＢさんとＣさんは、2人ともＡさんに対して、連帯してゲーム機が壊れたことによる損害を賠償する責任を負うことになります。

2 ＢさんとＣさんの責任の割合は？

(1) 本事例では、ＡさんがＢさん及びＣさんと3人で話し合いをして、全員で負担する金額を決めようという場面を前提としていますので、ＢさんとＣさんの責任の割合を検討する必要があります。

(2) そこで、ＢさんとＣさんそれぞれにどのような落ち度があったかを考えます。

Ｂさんの落ち度としては、①Ａさんのロッカーから無断でゲーム機を持ち出そうとしたこと、②ゲーム機を手で握らずにポケットに入れていたこと、などが挙げられます。一方、Ｃさんの落ち度としては、③学校の廊下を勢いよく走っていたこと、が挙げられるでしょう。

上記の①から③は、どれか一つでも欠ければ、ゲーム機の損壊という事態は発生しなかったといえるでしょう。その意味で、

55

①から③はいずれも損害が発生した原因であったということができます。もっとも、①から③の中で、最も直接的な原因を一つ挙げるとしたら、どれになるでしょうか。

いろいろな考え方が可能であると思われますが、おそらく③と考える人が多いのではないでしょうか。やはり、ゲーム機が壊れた直接の原因は、BさんとCさんの衝突です。そして、その衝突が起こってしまったことについては、Cさんが廊下を走っていたことが最も大きな原因であったといえるでしょう。しかも、Cさんが廊下を走っていたことは校則に違反していました。そして、校則で廊下を走ることが禁止されていた理由は、まさしくこのような衝突が起こってしまう危険があるからでした。そうすると、校則で禁止されるほど危険な行為を行っていたCさんの責任は、それなりに大きいと考えられます。

一方で、Bさんの落ち度である①や②は、たしかに、（Cさんとの衝突によって）ゲーム機の損壊という損害が発生してしまった原因ではありますが、これらはいずれも、Cさんとの衝突が起こってしまったことについての直接的な原因というわけではありません。やはり、衝突の原因としては、Cさんの落ち度の方が大きかったといえるでしょう。

なお、Cさんはたしかに校則に違反して廊下を走っていましたが、それには、Dさんが怪我をしたので保健室に先生を呼びに行こうとしていた、という理由がありました。そこで、Cさんが廊下を走ったのはやむを得なかったのだ、と考えた人もいると思います。たしかに、何ら理由なく単に廊下を走っていただけ、という場合に比べれば、Cさんの責任は軽くするべきだと考えることもできるでしょう。

しかしながら、廊下を走ることは、上記のとおり、とても危険な行為であり、校則で禁止されていました。もしCさんが保健室の先生を呼ぼうとしたのであれば、廊下を走る以外の方法、

第3　損害の公平な分担

例えば、近くにいる先生を呼んで事情を説明し、その先生に保健の先生を呼んでもらう（直ぐに連絡を取ってもらう）など、より安全で適切な方法もあったと思われます。このように考えると、Ｃさんが廊下を走ったのはやむを得なかったとまではいえません。したがって、Ｂさんと衝突した責任を全て正当化することまではできないと考えられます。

(3)　以上のように考えると、ＢさんとＣさんの落ち度を比較した場合、衝突の原因としてはＣさんの落ち度の方がより大きく、ＢさんよりもＣさんの方が負担すべき金額は多い、と考えることになります。

3　Ａさんの責任は？

(1)　民法722条2項は、「被害者に過失があったときは、裁判所は、これを考慮して、損害賠償の額を定めることができる。」と規定しています。すなわち、加害者が不法行為責任を負う場合であっても、加害者側のみに一方的な落ち度があったわけではなく、被害者側にも一定の落ち度があった場合、「損害の公平な分担」の観点から、被害者側の落ち度の割合に応じて賠償金額を減額することができるのです。これを「過失相殺」といいます。

(2)　本事例で、Ａさんの落ち度としては、校則に違反してゲーム機を学校へ持ってきたことが挙げられます。では、ＢさんとＣさんの賠償金額を定めるにあたって、このＡさんの落ち度をどの程度まで考慮することが、「損害の公平な分担」であるといえるでしょうか。

学校の現場にいる生徒や先生の感覚からすれば、「明らかに校則に違反してゲーム機を学校へ持ってきたＡさんが最も悪いのだから、ゲーム機が壊れたことの責任は全てＡさんが負うべきだ。」と感じるかもしれません。

しかしながら、民法では、まずはその損害を発生させた直接

57

第2章　教　　材

の当事者の責任の割合を考えることが原則となります。

　本事例でも、ゲーム機が壊れてしまった直接の原因はBさんとCさんの衝突なのですから、あくまでもこの2人が衝突によって発生させた損害（ゲーム機の代金）を賠償することが原則である、と考えることになります。

　他方で、Aさんがゲーム機を学校へ持ってきたことは、ゲーム機が壊れてしまった直接の原因（BさんとCさんの衝突の原因）とまではいえません。もちろん、Aさんには校則に違反した責任があります（実際にAさんは先生に厳しく注意されました。）。しかしながら、この校則違反の責任は、「損害の公平な分担」を考える際に考慮されるべき責任とは別の責任であると考えられます。したがって、Aさんの過失が肯定されるとしても、「損害の公平な分担」を考えるにあたっては、Aさんの過失の割合は大きいとまではいえないでしょう。

4　結　　論

　以上のような分析からは、負担すべき金額はAさんが一番少なく、Bさん、Cさんの順で負担すべき金額が多くなっていくと考えることができそうです。

　しかしながら、すでに述べたとおり、これは法律的に、損害と直接的に因果関係のある行為が何かという視点から検討した一例です。そもそも学校にゲーム機を持ってこなければ今回のことは発生しなかったといえることからこの点を重視する考え方や、今回の原因は全員にあることから、それぞれ同額を負担することを基準として検討を始める考え方など、いろいろな視点が考えられます。

　あなただったら、どのように負担することが、正義・公正に適っていると考えますか。

第4　ルール評価

第4	ルール評価

■テーマ

「ルール評価」

■テーマの趣旨

　制定された法を守ることの意味を考えるにあたり、中学生の段階から、法制定の是非を判断することは重要である。

　法といっても、わたしたちの権利や自由、個人の尊厳を守る上で必ずしも十分といえるものだけではない。そもそも、このような法が適正・適切なものかを評価し、検討することが権利や自由、個人の尊厳を守る上で重要である。このようなことから、法の内容を評価し、批判的に検討する能力を養うことが必要となってくる。

　例えば、法について、事実に基づき判断するという思考過程に重点をおいた授業を行うことで、法制定の是非を判断するにあたり、法による制約が必要最小限か、より制限的でない他の手段がないかを検討する思考過程を体験することができる。

　また、本授業で扱う思考過程は、身の回りの出来事において、何かを選択していく際にも有用であることから、身の回りで起こる様々な問題について、主体的に考えて行動していく力の育成にも繋がるものである。

　本授業においては、生徒の関心が高いスマートフォン・携帯電話の問題を取り上げ、これまで深くは考えたことはないであろう駅構内での使用禁止について考えるという体験をすることによって、事実に基づき判断するという思考過程の経験をすることをねらいとしている（関東弁護士会連合会編『わたしたちの社会と法──学ぼう・法教育』関連頁 34〜38 頁）。

59

第2章　教　　材

■学習指導案
1　授業名
「この条例本当に作っていいの？」

2　学習目標
　新たに制定されようとしている架空の法やルールが妥当であるか検証する過程を体験することによって、必要となる事実に基づき判断するという思考過程の基礎作りをする。

3　評価の視点

a　法の内容を理解する。
b　何故、その法が制定されようとしているのか、法の目的を考える。
c　法の制定によって生じるデメリットについて考える。
d　法が定める規制以外の解決策（代替案）はないかについて考える。
という四段階に分けた思考過程ができる。

4　授業計画【50分】

時間	学習内容・学習活動	指導上の留意点	評価
導入 5分	○スマホ・携帯電話の利用法 スマートフォン・携帯電話をどんなときに利用しているだろうか。 ・利用方法を答える。（動画サイトを見る、ネットサーフィンをする、家族との連絡など）	・生徒から出された答えを簡潔に板書する。	
展開 30分	○「スマートフォン条例」の検討 ワークシートの事例を読んだ上で、条例が制定された目的を考えてみよう。	・どのような条例や法であれ、その目的が重要であることに気付かせる。	a b

60

第4　ルール評価

	・ワークシートの事例を読み、内容を把握し、条例が制定される目的を考え、ワークシートのQ1に記入する。 ○条例のデメリットを考える 駅構内での使用禁止によって生じるデメリットについてグループで話し合ってみよう。 ・駅構内でのスマホや携帯電話の使用禁止によって困ることをグループごとに話し合い、ワークシートのQ2に記入する。 ○条例以外の解決策を考える 「スマートフォン条例」の目的を実現するためには、条例を決めること以外に、どのような解決策があるか、話し合ってみよう。 ・条例制定以外の解決策を話し合い、ワークシートQ3に記入する。そして、グループごとに、その解決策を理由とともに発表する。	・生徒から出されたデメリットが果たして「駅構内での禁止」によって生じることなのかを考えさせる。 ・話し合いが感情論にならないよう、メリット・デメリットの両面から考えさせる。 ・法の目的は、他者の権利を守ることであることを理解させ、権利間の調整を図る有効な手段について考えさせる。	 c d
まとめ 15分	○政策評価をする際の注意点 ・本日の授業を振り返りながら、ルールを評価するときの注意点を確認する。 ・ルール評価をするには、①法の内容を理解する、②何故、その法が制定されようとしているのか、法の目的を考える、③法の制定によって生じるデメリットについて考える、④法が定める規制以外の解決策（代替案）		

第2章 教　材

はないかについて考えるという四段
階に分けた思考過程が大切であるこ
とを確認する。

5　授業のポイント

(1)　本授業は、生徒がルールを評価し、そのルールが妥当であるか、代替
案の有無などを検討するものである。社会生活において、国民の代表者であ
る国会が制定した法律だからといって、当然にその法律がよいものであると
いうことにはならない。今ある法律を漫然と守るのではなく、法律を評価
し、批判的に検討できるような能力を、本授業を通じて養うことが本授業の
目的である。

　そして、このような能力は、選挙における各政党の政策評価にも役立ち、
将来子どもたちが選挙権を適切に行使できることにもつながるものである。

(2)　設問の構成としては、Q1で条例制定の目的を問い、Q2で法の制定
によって生じるデメリットを問い、Q3で法が定める規制以外の解決策（代
替案）はないかを問うという構成になっている。

　実際に法を検討する際にもこのような思考過程は役に立つが、それ以外の
視点としては、法の内容が明確であるか、立法に際して手続きが履践されて
いるか、なども検討するとよいだろう。

第4　ルール評価

6　ワークシート（教員用）

年　　組　　番　名　前

【事例】
　A県では、ある日、次のような「スマートフォン条例案」がとりまとめられ、県民の意見を募集するという記事が県のホームページ上で公開されました。
「第○条
　1　旅客の運送の用に供する鉄道駅の改札内及びプラットホーム内では、スマートフォン、タブレット端末及び携帯電話を一切使用してはならない。
　2　前項の規定に違反した者は、2万円以下の罰金に処する。」
　この条例は大人だけでなく、未成年者である学生にも適用されるそうです。
　A県にある中学校では、携帯電話やスマートフォンなどを持っている生徒達からは「駅では携帯ゲームもやっちゃダメってことじゃないか」「LINEとかメールとかも駅では使えなくなる」「待ち合わせのときに連絡が取れないよね」「病気の人はどうするんだろう」「違反したら2万円って高すぎじゃない」などの声が上がりました。
　それを聞いた先生が言いました。
　「この条例が制定されてしまうと、大分困る人もいるようですね。どうして駅での使用が禁止されることになったのでしょう。この条例が制定された場合のメリットとデメリットを皆で考えて、条例への意見を県議会に伝えてみましょう。」

Q1　A県で事例のような条例案がとりまとめられたのはどうしてでしょうか。その理由について考えてみましょう。

・使用中に駅のホームから転落する危険がある。
・階段での使用が危ない。
・他の乗客に衝突する。
・転倒して怪我をする危険。
・他の乗客の迷惑になる。
・転倒や衝突したときに周囲の人を事故に巻き込むおそれがあり危険。
・使用を巡って他の乗客とトラブルになる。
・ペースメーカー使用者などに配慮する必要がある。
・使用の際、立ち止まったり歩くのが遅くなったりして、他の乗客の通行を

第2章　教　　材

妨げる。

Q2　事例のような条例が制定されると困ることを挙げてみましょう。

・駅では携帯でゲームができなくなる。
・LINE やメールが使えなくなる。
・待ち合わせのときに連絡が取れなくなる。
・病気の人が使用できなくて困る。
・駅に着いたら保護者に連絡することができなくなる。
・電車を待っている時間に何もすることがない。
・アプリを使って勉強ができない。
・移動経路や場所について調べることができない。
・電車遅延があったときに連絡が取れない。
・時刻を携帯で確認しているので困る。
・写真や動画を撮りたいときに使えない。
・音楽を聴くことができなくなる。
・携帯のメモ機能も使えなくなる。

Q3　事例の「スマートフォン条例案」第〇条の内容以外の解決策（代替案）
**　　はないか考えてみましょう。**

・罰金ではなく努力規定にとどめる。
・罰金額を低くする。
・罰金で禁止するのではなく、使用が望ましくない場所のアンテナ設備を外
　す。
・緊急時や病気で使わなければならない人を禁止対象から外す。
・混雑する時間帯に限って禁止する。
・全部の場所を禁止するのではなく、使用 OK な場所を作る。
・歩きながらの使用のみを禁止する。

第4　ルール評価

7　ワークシート（生徒用）

年　　組　　番　名前

【事例】

　A県では、ある日、次のような「スマートフォン条例案」がとりまとめられ、県民の意見を募集するという記事が県のホームページ上で公開されました。

「第○条

　1　旅客の運送の用に供する鉄道駅の改札内及びプラットホーム内では、スマートフォン、タブレット端末及び携帯電話を一切使用してはならない。

　2　前項の規定に違反した者は、2万円以下の罰金に処する。」

　この条例は大人だけでなく、未成年者である学生にも適用されるそうです。

　A県にある中学校では、携帯電話やスマートフォンなどを持っている生徒達からは「駅では携帯ゲームもやっちゃダメってことじゃないか」「LINEとかメールとかも駅では使えなくなる」「待ち合わせのときに連絡が取れないよね」「病気の人はどうするんだろう」「違反したら2万円って高すぎじゃない」などの声が上がりました。

　それを聞いた先生が言いました。

　「この条例が制定されてしまうと、大分困る人もいるようですね。どうして駅での使用が禁止されることになったのでしょう。この条例が制定された場合のメリットとデメリットを皆で考えて、条例への意見を県議会に伝えてみましょう。」

Q1　A県で事例のような条例案がとりまとめられたのはどうしてでしょうか。その理由について考えてみましょう。

第2章 教　　材

Q2 事例のような条例が制定されると困ることを挙げてみましょう。

Q3 事例の「スマートフォン条例案」第○条の内容以外の解決策（代替案）
　　 はないか考えてみましょう。

66

第5　情報の話の信用性を考える

| 第5 | 情報の話の信用性を考える |

■テーマ

「情報の話の信用性を考える」

■テーマの趣旨

　本授業は、インターネット上の情報を題材にし、情報の信用性を吟味することの重要性と、情報の信用性を吟味する際の観点を習得することをねらいとしている。

　社会生活において、一定の事項について他人と議論したり、判断したりするには、その議論や判断の前提となる情報に信用性があることが必要である。その議論や判断の前提となる情報に信用性がなければ、その情報に基づいた意見や判断も誤りということになってしまう。

　例えば、現代社会において、インターネットは、非常に簡便かつ有用な情報収集手段であり、わたしたちの生活になくてはならないものとなっているが、その反面、インターネット上の情報は、匿名であったり、内容の根拠が示されていなかったり、伝聞情報であったりするなど、その情報については、一概に信用できない面もある。近年、インターネット使用の低年齢化が進み、小中学生がインターネットを多用している状況であるため、インターネット上の情報の信用性について問題意識を持つ必要がある。

　本授業においては、インターネット上の情報の信用性を吟味する能力を身につけ、一定の事項について、より十分に他人と議論したり、判断したりすることができるようになることをねらいとしていいる（関東弁護士会連合会編『わたしたちの社会と法——学ぼう・法教育』関連頁39～45頁）。

67

第2章　教　　材

■学習指導案

1　授業名

「この情報は信じていいの？」

2　学習目標

　ある問題について他人と議論したり、一定の事項について判断したりする場面において、適正な議論・判断をするために、各自の意見・判断の基となる情報の信用性を吟味できるようにする。

3　評価の視点

a　なぜ情報の信用性を吟味することが必要かを考えることができる。 b　情報の信用性について、どのような視点から吟味すべきかを考えることができる。 c　具体的事例に則して、情報の信用性を吟味できる。

4　授業計画【50分】

時間	学習内容・学習活動	指導上の留意点	評価
導入 8分	○インターネットの情報への疑問 スマホやインターネットを見ていて、この情報は本当なの？と思うことはありませんか。 ・これまでの経験を隣同士で話し合う。 ○本日の授業のねらい ・ネットなどにおける情報の信用性を吟味する必要性を考えることが、本日の授業のねらいであることを確認する。	 ・情報の信用性の判断が社会生活における議論や判断の前提になることを説明する。	a

第 5 　情報の話の信用性を考える

展開 36分	○情報の信用性 1	・回答についてなぜそのように考えたかを適宜、質問する。特に、②の情報が信用できる理由とできない理由については、丁寧に聞き取りをする。 ・さまざまな考え方があると思われるので、グループでの活動とする。	b c
	インターネット上の掲示板に「A君は歴史のテストでカンニングしていたらしい」という匿名での書き込みがされていました。これについてどのように対処すべきかを考えてみましょう。		
	・ワークシートのQ 1 を読み、このような書き込みを見つけたときに、①A君の点数は 50 点にすべきか 0 点にすべきか、②この情報は信用できるかどうかの問いについての答えを記入し、その意見を理由とともに発表する。		
	○情報の信用性 2	・さまざまな考え方があると思われるので、グループでの活動とする。 ・回答については、そのように考えた理由を明確にさせるようにする。	
	インターネット上に、昼寝と記憶力に関する内容のブログが載っていました。これについてどのように考えるべきかを考えてみましょう。		
	・ワークシートのQ 2 を読み、①学校で昼寝の時間を取ることに賛成か反対か、②このブログの内容は信用できるかどうかの問いの答えを記入し、その意見を理由とともに発表する。		
	○インターネット情報の信用性を判断する観点	・情報の信用性を判断する観点を考える際には、Q 1 とQ 2 を踏まえるようにさせる。	
	インターネット上の情報が信用できるかどうかをどのように判断したら良いかを考えてみよう。		
	・インターネット上の情報が信用できるかどうかを判断するための観点に		

第2章　教　　材

	ついて考え、ワークシートのＱ３に記入し、答えをその理由とともに発表する。		
まとめ 6分	○本日の授業のまとめ ・現代社会において、インターネットは、非常に簡便かつ有用な情報収集手段であり、わたしたちの生活になくてはならないものとなっているが、その反面、インターネット上の情報は、匿名であったり、内容の根拠が示されていなかったり、伝聞情報であったりするなど、その情報については、一概に信用できない面もあることを確認する。そして、社会生活において、ある一定の事項めぐって他人と議論したり、判断したりするには、その議論や判断の前提となる情報に信用性があることが必要であり、その信用性が情報になければ、その情報に基づいた意見や判断も誤りということになってしまうことを確認する。	・インターネット情報のメリットとデメリットや、情報の信用性が明らかではない場合があることなどについて理解させるとともに、社会生活における議論や判断の基に、情報の信用性があることを理解させる。	

5　授業のポイント

(1)　設問の構成について

　各設問は、インターネット上の情報であるが、それぞれ、情報の発信主、情報ソースの有無などで違いがある。

(2)　まず、スマホやインターネットを見ていて、情報の信用性に疑問を持ったことがないかを問いかけ、その事例を出し合う。

(3)　その上で、社会生活において、一定の事項をめぐって他人と議論したり、一定の事項について判断したりするには、その議論や判断の前提となる情報に信用性がなければ、議論がうまくいかなくなってしまうことをきちんと理解させる。本授業は、単に、インターネット上の情報は信用性に疑義が

第5　情報の話の信用性を考える

あることを教えるための授業ではない。法的思考方法の際の事実認定の前提
となる材料（証拠・情報）を吟味する能力が習得できることが本来の目的で
ある。

　(4)　そのため、Ｑ１もＱ２も①という設問を設け、情報が真実であること
を前提に、争いになっている事項における意見を問うている。これは、情報
の信用性の吟味が最終的に正しい議論や判断をするために必要であることを
意識づけるためである。

　(5)　Ｑ１②は、子どもたちが回答しやすくするため、「信用できる」「信用
できない」という問い方をしている。このような問い方をすると、逆の回答
の理由を考えないおそれもあるので、適宜その点についても言及すべきであ
る。

　(6)　Ｑ２②は、情報の信用性について多面的に考えさせるため、Ｑ１②と
異なり、信用できそうな点と信用できなさそうな点をあげさせる形式をとっ
ている。

　Ｑ２は、Ｑ１よりも検討すべき点が多く、難解であるため、生徒が考えや
すくするための工夫が必要である。

71

第2章 教　　材

6　ワークシート（教員用）

年　　組　　番　名前

【Q1】

　　期末テストの歴史のテストで満点をとったA君について、インターネット上のクラスの掲示板に「A君は歴史のテストでカンニングしていたらしい」という匿名での書き込みがされていました。

> 346：名無しさん：2015/08/05（水）10:08:55.76 ID: ●●●
> 　こないだの期末テスト、まじ終わた。
>
> 347：名無しのかかしさん：2015/08/05（水）10:29:07.35 ID: ●●●
> 　俺も、まじ終わた。
>
> 348：名無しって本当に素晴らしいですねさん：2015/08/05（水）
> 10:45:19.56 ID: ●●●
> 　　そういえば、A君は歴史のテスト満点だったけど、筆箱の中に
> 年表とかを書いたメモを持ち込んで、カンニングしていたらしい
> ぞ。A君は、カンニングをしなければ50点くらいしかとれなかっ
> たのに、カンニングのおかげで100点をとれたんだってさ。
>
> 349：名無しのかかしさん：2015/08/05（水）11:02:09.34 ID: ●●●
> 　　それ、俺も聞いた。A君はそのヤマがあたって満点だったらし
> い。俺が聞いた噂だと、年表だけじゃなく、今回のテスト範囲で
> ある教科書の20頁から26頁を小さい字で丸写ししたメモを持っ
> ていたらしい。。。やりすぎだよな。

　　この掲示板の情報がきっかけとなり、クラスのあるグループの中で、カンニング行為をしたA君の歴史のテストは50点にすべきであるという意見と、0点にすべきであるという意見があります。

① 「A君がカンニングした」「A君は、カンニングをしなければ50点くらいしかとれなかった」というのが真実であった場合、このようなA君は、50点にすべきでしょうか、0点にすべきでしょうか。

第5　情報の話の信用性を考える

（○をつける） ・　50点にすべき。	・　0点にすべき。

② そもそも、この掲示板の情報は信用できるのでしょうか？
　信用できる、または、信用できないとしたら、その理由は何でしょうか？

（○をつける） ・　信用できる （理由） ・情報（カンニングの手法）が具体的であること。 ・複数の情報があること。	・　信用できない （理由） ・匿名での書き込み（発信情報に対して責任を持たない） ・掲示板への書き込み（面白半分や陥れる目的での書き込みがなされることがある） ・伝聞であると思われる点（伝播過程での誤りの混入）

【Q2】
　私立B中学校のC先生は、テレビにも出ている日本の有名な脳科学者Dさんの実名のブログに、アメリカの医学書を根拠として、「15歳までは、昼寝を毎日1時間することによって、記憶力が格段によくなるとのことである。」と書かれているのを見ました。なお、この脳科学者Dさんの実名のブログの最終更新日は1年前になっており、同内容の記事などはインターネット上では見当たりませんでした。
　そこで、C先生は、私立B中学校においても、毎日昼寝の時間を1時間とり、その分授業終了の時間を1時間延ばすことがよいと考え、私立B中学校の先生たちにこれを提案しました。
　先生たちの間でも意見が割れ、生徒にも意見を聞くことになりました。

◆脳科学者Dのブレインストーミング◆

2014/12/15

寒くなってきましたね！

73

第２章　教　材

　　　私は、子どもたちの教育にも非常に力をいれて取り組んでい
　　ます。子どもたちには、無限の可能性があり、子どもたちの能
　　力を伸ばすのにはどうすればよいか、日夜考えています。

　　　私は、脳科学を研究することで、子どもたちの教育に少しで
　　も役に立てればと思い、日々研究にいそしんでいます。

　　　アメリカの有名な医学書「ザ・ブレイン」によれば、15歳ま
　　では、毎日昼寝を１時間することによって、記憶力が格段によ
　　くなるとのことです。

　　　小中学校でも、このような制度を導入してみるのも面白いの
　　ではないでしょうか。

　　　皆さんも興味があれば、アメリカの有名な医学書「ザ・ブレ
　　イン」を読んでみて下さい。全文英語なので、読むのは大変だ
　　と思いますが（笑）。

　最終更新日：2014/12/15

---

① 　あなたは、私立Ｂ中学校の生徒であったとします。
　　15歳までは、昼寝を１時間することによって、記憶力が格段によくなる
　という脳科学者Ｄさんのブログが真実であった場合、私立Ｂ中学校で、毎
　日昼寝の時間を１時間とり、その分授業終了の時間を１時間延ばすことに
　賛成ですか。

（○をつける） ・　賛成である	・　反対である

② 　そもそも、脳科学者Ｄさんのブログに書いてある、「15歳までは、昼寝
　を毎日１時間することによって記憶力が格段によくなる」という情報は信
　用できるのでしょうか？
　　信用できそうな点と信用できなさそうな点をそれぞれ挙げてみて下さい。

74

第5　情報の話の信用性を考える

（信用できそうな点）	（信用できなさそうな点）
・有名な脳科学者Dさんのブログであること（きちんとした知識のある人間の発信情報であること） ・実名であること（発信情報に対する責任が匿名の場合より生じてくる） ・医学書を参考文献としていること（根拠があること）	・医学書を参考文献としているが正確な引用か不明であること（伝播過程での誤りの混入） ・アメリカの医学書であること（翻訳の正確性の問題） ・同内容の記事がないこと ・1年前の情報であること（現在では異なった考え方になっている可能性がある）

【Q3】
　では、上の事例を参考に、インターネット上の情報が信用できるかどうか、どのような点に気をつけて判断しますか？
・情報の発信主の素性（実名・匿名、肩書き、自作自演）
・内容の根拠、合理性、確からしさ、愉快犯、面白半分、尾ひれがつく
・情報ソース（裏付け、引用、文献等）の有無
・伝聞情報か否か（伝播の過程での誤りの混入があるか否か）
・同内容の複数の情報があるか
・情報掲載の時期（最終更新日）
・外国の情報かどうか
・書き手の主観の介入
・情報のバイアス
・情報伝達媒体（→ Twitter のような速報性の高い媒体における投稿は、どこまで調査しているか疑わしい、等）

第2章 教　　材

7　ワークシート（生徒用）

年　　組　　番　名前

【Q1】

　期末テストの歴史のテストで満点をとったA君について、インターネット上のクラスの掲示板に「A君は歴史のテストでカンニングしていたらしい」という匿名での書き込みがされていました。

> 346：名無しさん：2015/08/05（水）10:08:55.76 ID: ●●●
> 　こないだの期末テスト、まじ終わた。
>
> 347：名無しのかかしさん：2015/08/05（水）10:29:07.35 ID: ●●●
> 　俺も、まじ終わた。
>
> 348：名無しって本当に素晴らしいですねさん：2015/08/05（水）
> 10:45:19.56 ID: ●●●
> 　そういえば、A君は歴史のテスト満点だったけど、筆箱の中に年表とかを書いたメモを持ち込んで、カンニングしていたらしいぞ。A君は、カンニングをしなければ50点くらいしかとれなかったのに、カンニングのおかげで100点をとれたんだってさ。
>
> 349：名無しのかかしさん：2015/08/05（水）11:02:09.34 ID: ●●●
> 　それ、俺も聞いた。A君はそのヤマがあたって満点だったらしい。俺が聞いた噂だと、年表だけじゃなく、今回のテスト範囲である教科書の20頁から26頁を小さい字で丸写ししたメモを持っていたらしい。。。やりすぎだよな。

　この掲示板の情報がきっかけとなり、クラスのあるグループの中で、カンニング行為をしたA君の歴史のテストは50点にすべきであるという意見と、0点にすべきであるという意見があります。

① 「A君がカンニングした」「A君は、カンニングをしなければ50点くらいしかとれなかった」というのが真実であった場合、このようなA君は、50点にすべきでしょうか、0点にすべきでしょうか。

第5　情報の話の信用性を考える

（○をつける）・　50点にすべき。	・　0点にすべき。

② 　そもそも、この掲示板の情報は信用できるのでしょうか？
　　信用できる、または、信用できないとしたら、その理由は何でしょうか？

（○をつける）・　信用できる（理由）	・　信用できない（理由）

【Q2】
　　私立B中学校のC先生は、テレビにも出ている日本の有名な脳科学者Dさんの実名のブログに、アメリカの医学書を根拠として、「15歳までは、昼寝を毎日1時間することによって、記憶力が格段によくなるとのことである。」と書かれているのを見ました。なお、この脳科学者Dさんの実名のブログの最終更新日は1年前になっており、同内容の記事などはインターネット上では見当たりませんでした。
　　そこで、C先生は、私立B中学校においても、毎日昼寝の時間を1時間とり、その分授業終了の時間を1時間延ばすことがよいと考え、私立B中学校の先生たちにこれを提案しました。
　　先生たちの間でも意見が割れ、生徒にも意見を聞くことになりました。

> ◆脳科学者Dのブレインストーミング◆
> 2014/12/15
>
> 　　寒くなってきましたね！
>
> 　　私は、子どもたちの教育にも非常に力をいれて取り組んでいます。子どもたちには、無限の可能性があり、子どもたちの能力を伸ばすのにはどうすればよいか、日夜考えています。

77

第2章 教　　材

　　私は、脳科学を研究することで、子どもたちの教育に少しで
も役に立てればと思い、日々研究にいそしんでいます。

　　アメリカの有名な医学書「ザ・ブレイン」によれば、15歳まで
は、毎日昼寝を1時間することによって、記憶力が格段によ
くなるとのことです。

　　小中学校でも、このような制度を導入してみるのも面白いの
ではないでしょうか。

　　皆さんも興味があれば、アメリカの有名な医学書「ザ・ブレ
イン」を読んでみて下さい。全文英語なので、読むのは大変だ
と思いますが（笑）。

最終更新日：2014/12/15

---

① あなたは、私立B中学校の生徒であったとします。
　　15歳までは、昼寝を1時間することによって、記憶力が格段によくなる
という脳科学者Dさんのブログが真実であった場合、私立B中学校で、毎
日昼寝の時間を1時間とり、その分授業終了の時間を1時間延ばすことに
賛成ですか。

（○をつける） ・　賛成である	・　反対である

② そもそも、脳科学者Dさんのブログに書いてある、「15歳までは、昼寝
を毎日1時間することによって記憶力が格段によくなる」という情報は信
用できるのでしょうか？
　　信用できそうな点と信用できなさそうな点をそれぞれ挙げてみて下さい。

（信用できそうな点）	（信用できなさそうな点）

第5　情報の話の信用性を考える

【Q3】
　では、上の事例を参考に、インターネット上の情報が信用できるかどう
か、どのような点に気をつけて判断しますか？

（信用性を検討する視点）

第2章 教　材

第6	事実認定と証拠

■テーマ

「事実認定と証拠」

■テーマの趣旨

　刑事裁判において、犯人であることや故意があること等の事実は、証拠によって認定することが必要であるとされている。また、民事裁判においても、争いのある事実については、証拠等によって認定することが必要であるとされている。

　そして、このように証拠によって事実を認定するにあたっては、証拠を分析的に検討し、総合的に評価する力が求められる。ただし、その前提として、証拠の評価方法についての基礎的な見方・考え方を身につけていなければならない。本授業は、一見、どれも「赤鬼が窃盗の犯人である」と裏付けるように思われる各証拠から、本当に「赤鬼が窃盗の犯人である」という事実が認定できるのか検討することを通じて、証拠の評価方法についての基礎的な見方・考え方を習得することにポイントを置いたものである。

　また、この見方・考え方を習得することは、意見の異なる相手と議論して解決策を見出す方法を習得することにつながる。意見の異なる相手を説得するためには、自分の意見がどの程度説得力があるかを自覚し、相手の意見がどの程度説得力があるかを分析することが必要になる。

　刑事模擬裁判の授業では、被告人が犯人であることを示す証言があると、証言の信用性を考えずに、また、その証言以外の証拠を検討せずに、「証言があるから犯人だ」と考えてしまう生徒が少なくない。

　そこで、証言だけにとらわれずに、全ての証拠について検討することをねらいとしている（関東弁護士会連合会編『わたしたちの社会と法──学ぼう・法教育』関連頁39〜45頁、155〜158頁）。

80

第6　事実認定と証拠

■学習指導案

1　授業名

「キビ団子を盗ったのは誰？」

2　学習目標

この教材では、「赤鬼は犯人である」というひとつの結論を支える証拠として、証拠とすることが許されないもの、証拠とすることが許されるとしても結論を支える力の強いもの（重要な証拠）や弱いもの（それほど重要でない証拠）など、性質の異なる証拠が用意されている。

各証拠を検討することを通して、証拠の評価方法についての基礎的な見方・考え方を身につけ、他の生徒と意見が違う場合には、相手がどんな証拠をどのように重視しているのか分析し、相手を説得できる点を探す力を養う。

3　評価の視点

---

a　複数の証拠が、それぞれ結論を裏付けられるのかどうか、裏付けられるとしてその強弱はどう考えるべきか、という点について関心を持ち、自分の意見を持つことができる。

b　結論を裏付ける力が強いのか、弱いのか、他者と意見を交わすことができる。他者と意見を交わして、自分の考えを再検討できる。

c　複数の証拠や時系列表に現れている情報、それらの情報から推測できる経験則によって、自分の意見を理由付けることができる。

d　・証拠にも結論を裏付ける力の強弱があること、証拠とすることが許されるものと許されないものがあることを理解できる。

　　・伝え聞きには間違いが入りやすいことや、自白は任意にされたものでなければならないという見方・考え方を理解できる。

第2章　教　　材

4　授業計画【50分】

時間	学習内容・学習活動	指導上の留意点	評価
導入 5分	○事例の読み取り ・ワークシートの事例「キビ団子を盗ったのは誰？」を読み、事実関係の概略をつかむ。		
展開 35分	○証拠の重要度を考える（個人ワーク） 証拠A〜Eはどの程度、結論を裏付ける力をもっているだろうか？その強さを☆を塗りつぶして表し、その理由をワークシートに書き込もう。 ○証拠の重要度を考える（グループワーク） 個人ワークを元にして、グループ内で話し合い、意見が変わった場合でも変わらなかった場合でも、その理由を他の人の意見をもとに書こう。 ・各証拠について、一面的なものの見方にならないよう、他の生徒の意見や教師からのアドバイスにも耳を傾けながら活動を行う。 ・グループワークの結果、意見が変わっても変わらなくても、他者の意見を聞いて、もう一度自分の意見を考え直してみる。	・各証拠について、塗りつぶす☆の数は感覚的なものでよい。 ・有力な証拠には多くの☆が塗りつぶされること、あくまで個人作業であることを確認する。 ・話し合いの際には、他者を説得できる理由を述べられるかどうかを意識させる。 ・「事件から3日後」、「事件から5日後」など、その証拠がいつのものなのかということの重要さにも気づかせる。	a c b c
まとめ 10分	○ふりかえりの記入 最後に、他の人の意見を聞いて考えたことや、今日の授業で、気付いたことや考えたことを書いてみよう。	・この事件が刑事裁判であった場合を想定させてもよい。	d

5　授業のポイント

(1)　本授業は、各証拠の評価、重要度を考えることを内容としている。このような証拠の評価、重要度を考えることは、裁判において、事実認定をする上では非常に重要なものであり、裁判員裁判において裁判員を務める上で、身につけておくべき見方・考え方といえる。

このような見方・考え方を習得することは、裁判においてだけではなく、日常生活にも役に立つ。日常生活においても、証拠から一定の事実の有無を判断するという場面におかれることは少なくないからである。そのような場面において、証拠の重要度を分析し、それに基づいて事実を認定することは、正しい事実認定につながる可能性がより高まるといえるし、議論をする中では、議論の相手方に対する説得力を高めることになる。

(2)　なお、今回の事例で登場した「伝え聞きの証拠」「強要された自白」は、刑事裁判において、証拠として用いてはならないと定められている。

特に、自白に関しては、「何人も、自己に不利益な供述を強要されない。強制、拷問若しくは脅迫による自白又は不当に長く抑留若しくは拘禁された後の自白は、これを証拠とすることができない。」と、憲法にも明記されている（憲法38条１項、同２項）。

刑事裁判において、このように厳格なルールが定められている理由は、刑事裁判手続が、身体を拘束したり刑罰を科したりする手続であって、常に人権侵害の危険性があり、慎重な判断が求められるためである。

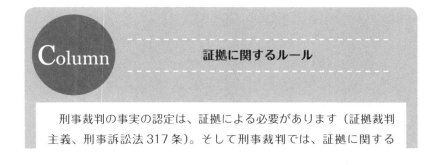

Column　　証拠に関するルール

　刑事裁判の事実の認定は、証拠による必要があります（証拠裁判主義、刑事訴訟法317条）。そして刑事裁判では、証拠に関する

第2章 教　　材

様々なルールがあります。

　例えば、いわゆる伝聞証拠については、「見間違い」「記憶違い」「言い間違い」などがないかの確認ができず、証言内容の正確性が確認できないため、原則として証拠にしてはいけないとされています（伝聞法則、刑事訴訟法320条1項）。今回の事例でいうと、A. キジの証言が伝聞証拠にあたり、刑事裁判では原則として証拠とすることができません。

　また、任意にされたものでない疑いがある証拠については、安易に自白に頼った裁判で誤判（冤罪）を招いたり、自白を得るために人権侵害が行われたり（拷問はその一例である）ため、証拠にすることができないとされています（自白法則、憲法38条2項、刑事訴訟法319条1項）。本件でいえば、E. 赤鬼の自白が自白法則によって任意にされたものでない疑いがあるとされた場合には、刑事裁判では証拠とすることができません。

　刑事裁判は、刑罰を科すかどうかという人にとって大きな問題を判断するものであるため、その判断根拠である証拠についても、このような厳格なルールが定められています。

6 ワークシート（教師用）

年　　　組　　　番　名前

【事例】

　ある晴れた日の午後、桃太郎は、村はずれの神社で昼寝をしていました。

　30分くらいたったとき、何かの気配を感じて目を覚ました桃太郎は、そばに置いていたはずのキビ団子入りの巾着袋がなくなっていることに気が付きました。

　「盗まれた！」

　桃太郎は、犯人捜しをすることにしました。周りを見渡すと、桃太郎の周囲に赤鬼の足跡がありました。「どうやら赤鬼が怪しい」と感じ赤鬼に聞くと、「桃太郎のキビ団子なんか知らない。盗ってない」と言いました。

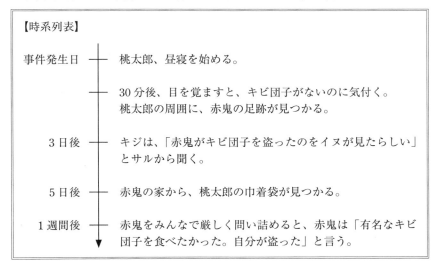

【問い】

　桃太郎のキビ団子がなくなった後、次のA～Eのことが分かってきました。それぞれの証拠A～Eが、赤鬼が犯人であることを裏付ける理由としてどの程度有力か、☆を塗りつぶしてみよう（5つとも塗られたものが非常に有力な証拠である。）。また、どうしてそのように考えたのかその理由を書

第2章 教　　材

いてみよう。

（記入例）

| 証　　拠 | 結論を裏付ける力 |
	理　　由
A. キジの証言 事件の3日後、「赤鬼が盗ったのをイヌが見たらしい」って、サルから聞いた。	★ ☆ ☆ ☆ ☆ 【解説】 伝え聞きは、「見間違い」「記憶違い」「言い間違い」などがないかの確認が必要である。 キジの話だけで、イヌの見間違い、イヌとサルの記憶違い、イヌとサルの言い間違いの有無を確認できるだろうか（→できない）。
B. 桃太郎の巾着袋 事件が発生した5日後に、赤鬼の家で見つかった。	★ ★ ★ ★ ☆ 【解説】 犯人は、被害品を持っているはずである。事件の日時と被害品の発見日時が近ければ近いほど、犯人以外の者の手に被害品がある可能性は低くなり、被害品を持っている者が犯人である可能性が高くなる。 では、「5日後」は、事件発生日から「近い」のだろうか、「遠い」のだろうか。本件で、犯人以外の者物の手に被害品が渡る可能性は高いのだろうか、低いのだろうか。桃太郎の巾着袋というのは希少性（市場価値）が高いのだろうか。希少性が高いものは、犯人以外の者がほしがる可能性も高いと考えられるので、犯人以外の者の手に被害品が渡りやすい。

86

第 6　事実認定と証拠

	このように、様々な観点から考えることができる。
C. 赤鬼の足跡 巾着袋がなくなったことに気付いた桃太郎が周囲をよく見ると、桃太郎が寝ていた場所の周りを囲むように、赤鬼の足跡があった。寝る前にはそんな足跡はなかった。	★　★　★　★　☆ 【解説】 寝る前にはなかった足跡が、起きた時点であったということは、赤鬼が、桃太郎が寝ている間に、それも30分と限定された現場に来たといえそうである。この30分は、時間として「短い」だろうか、「長い」だろうか。 短時間だと評価できるのであれば、これに対する有力な反論がない限り、この証拠は、赤鬼が犯人であることを強く裏付けるといえるだろう。
D. 赤鬼の言い分 事件から1週間後、赤鬼にキビ団子のことを聞くと、「有名なキビ団子を食べたかった」と答えた。	★　★　☆　☆　☆ 【解説】 動機を述べている。 しかし、動機があるから犯行を実行するとは限らない。 桃太郎のキビ団子が有名だとすると、食べたかったのは赤鬼だけではないかもしれない。
E. 赤鬼の自白 「お前がやったんだろ。嘘をつくなら仲間外れだ」と村のみんなで毎日責め立てたところ、赤鬼は、事件から1週間後に、「自分が盗った」と言った。	★　☆　☆　☆　☆ 【解説】 自白は任意にされたものでなければならない。 皆に責められたくない、仲間はずれにされたくないという動機によって、赤鬼が嘘の自白をした可能性はないだろうか。

87

第2章　教　　材

【ふりかえり】

　ほかの人の考えを聞いて考えたことや、この授業を通して気付いたことを
書きましょう。

> 　証拠が複数ある場合には、各証拠の全てについて検討が必要である。
> 　また、それぞれの証拠の強弱や、その理由を多角的な観点から検討できる
> とよい。
> 　また、余裕があれば一歩進んだ検討として、証拠がこのうちの1つだった
> らどうか、複数あったらどうか、有力でない証拠があった場合に全体として
> はどのように考えるべきかなどを考えてみても良いだろう。

7 ワークシート（生徒用）

年　　組　　番　名前

【事例】

　ある晴れた日の午後、桃太郎は、村はずれの神社で昼寝をしていました。

　30分くらいたったころ、何かの気配を感じて目を覚ました桃太郎は、そばに置いていたはずのキビ団子入りの巾着袋がなくなっていることに気が付きました。

　「盗まれた！」

　桃太郎は、犯人捜しをすることにしました。周りを見渡すと、桃太郎の周囲に赤鬼の足跡がありました。「どうやら赤鬼が怪しい」と感じ赤鬼に聞くと、「桃太郎のキビ団子なんか知らない。盗ってない」と言っていました。

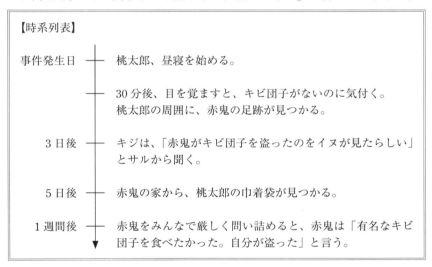

【時系列表】

事件発生日　――　桃太郎、昼寝を始める。

　　　　　　――　30分後、目を覚ますと、キビ団子がないのに気付く。
　　　　　　　　桃太郎の周囲に、赤鬼の足跡が見つかる。

3日後　　　――　キジは、「赤鬼がキビ団子を盗ったのをイヌが見たらしい」とサルから聞く。

5日後　　　――　赤鬼の家から、桃太郎の巾着袋が見つかる。

1週間後　　――　赤鬼をみんなで厳しく問い詰めると、赤鬼は「有名なキビ団子を食べたかった。自分が盗った」と言う。

【問い】

　桃太郎のキビ団子がなくなった後、次のA～Eのことが分かってきました。それぞれの証拠A～Eが、赤鬼が犯人であることを裏付ける理由としてどの程度有力か、☆を塗りつぶしてみよう（5つとも塗られたものが非常に有力な証拠である。）。また、どうしてそのように考えたのかその理由を書

第2章　教　材

いてみよう。

証　拠	個人ワーク	グループワーク
	裏付ける力	裏付ける力
	理　由	理　由
A. キジの証言 事件の3日後、「赤鬼が盗ったのをイヌが見たらしい」って、サルから聞いた。 見た！ イヌ ⇒ サル ⇒ キジ	☆ ☆ ☆ ☆ ☆	☆ ☆ ☆ ☆ ☆
B. 桃太郎の巾着袋 事件が発生した5日後に、赤鬼の家で見つかった。	☆ ☆ ☆ ☆ ☆	☆ ☆ ☆ ☆ ☆
C. 赤鬼の足跡 巾着袋がなくなったことに気付いた桃太郎が周囲をよく見ると、桃太郎が寝ていた場所の周りを囲むように、赤鬼の足跡があった。寝る前にはそんな足跡はなかった。	☆ ☆ ☆ ☆ ☆	☆ ☆ ☆ ☆ ☆
D. 赤鬼の言い分 事件から1週間後、赤鬼にキビ団子のことを聞くと、「有名なキビ団子を食べたかった」と答えた。	☆ ☆ ☆ ☆ ☆	☆ ☆ ☆ ☆ ☆
E. 赤鬼の自白 「お前がやったんだろ。嘘をつくな	☆ ☆ ☆ ☆ ☆	☆ ☆ ☆ ☆ ☆

第 6　事実認定と証拠

ら仲間外れだ」と村のみんなで毎日
責め立てたところ、赤鬼は、事件か
ら 1 週間後に、「自分が盗った」と
言った。

【ふりかえり】
　ほかの人の考えを聞いて考えたことや、この授業を通して気付いたことを
書きましょう。

91

第2章　教　　材

第7	多数決と民主主義

■テーマ

「多数決と民主主義」

■テーマの趣旨

　クラスを含め、様々な集団において意思決定をする際には、種々の意思決定方法が採られており、多数決もその一つである。

　多数決は様々な場面で採られる決定方法であるが、決して万能なものではない。決定事項との関係で多数決が適さない場合もあれば、公平性を欠く内容や、個人の自由を過度に制約する内容の決定は、多数決であっても許されてはならない。

　また、最終的には多数決によって意思決定をするとしても、その前提として議論を交わすことで、各人が、他者の意見やその根拠を理解し、また、自分の意見やその根拠を見直して、場合によっては意見を変えることによって、その後の多数決における意思決定がよりよいものともなる。民主主義においては、この議論の過程が極めて重要であって、決して民主主義は多数決と同じということではない。多数決は、十分な議論を経なければ、多数者による少数者への横暴ともなりうることを知らなければならない。

　本授業では、生徒の日常生活の中でも起こり得る各場面を題材に、多数決の限界と、議論の重要性を学ぶことをねらいとしている（関東弁護士会連合会編『わたしたちの社会と法──学ぼう・法教育』関連頁62〜63頁）。

92

第7　多数決と民主主義

■学習指導案

1　授業名

「多数決は正しい決定方法か」

2　学習目標

　集団における意思決定方法には、多数決など様々な方法があり、どの決定方法を採用するかは決定事項との関係で適切に選択されるべきであること、多数決という意思決定方法によっても決定する内容には限界があること、多数決をする前提として十分な議論が必要であることを理解する。

3　評価の視点

a　決定事項に応じて決定方法を適切に選択できる。
b　多数決という方法によっても、公平性を欠く内容の決定はできないことを理解できる。
c　議論によって各人の意見が変わりうることを理解し、集団としての意思決定において十分な議論が必要であることを理解できる。
d　他人の意見を正確に理解し、自分の意見が論駁されたのか、対立する意見を論駁しうるのかなどを把握できる。

4　授業計画【50分】

時間	学習内容・学習活動	指導上の留意点	評価
導入 3分	○修学旅行先の候補地選び（その1） この学年の修学旅行先として○○と△△のどちらが良いか、今からみんなの意見を聞きますので、どちらかの候補地に手を挙げて下さい。 ・ワークシートのQ1の修学旅行先の候補地を各自が書き、どちらかに挙	・2カ所の候補地は、例えば、学習色と娯楽色の強い箇所をそれぞれあげるようにする。 ・修学旅行先の候補地について、授業の後半で再検討することを伝え	

93

第2章　教　材

	手をする。 ○本日の授業のねらい 今日の授業は、多数決は正しい決定方法かを考えていきます。	ておく。	
展開1 14分	○決める内容に応じた決定方法 決める内容によって、どのような決定方法を採用することが適切なのかを考えましょう。 ・ワークシートQ2について、「決める内容」によって、どのような決定方法が適切かを、その理由とともに書く。 ・社会生活の様々な場面で、集団として物事を決める必要があること、決める場合にはいろいろな方法があり、決める内容に応じて適切に選択すべきことを理解する。	・①について答えられたところで、2～3人に発表させ、決定方法とその理由とが整合しているか、理由に説得力があるかを確認後、残りの問題に取り組ませる。 ・理解を深めるため、別の決め方で決めた場合、どんな不都合があるか問いかける。	a
展開2 6分	○多数決で決めてはならないこと 多数決であれば、どのような内容でも決めていいのでしょうか。 ・ワークシートQ3で、特定少数人に負担を押しつけることの不合理性を理解し、多数決だからといってどのような内容でも決定できるわけではないことを理解する。	・Q3の事例以外に、多数決によって決めてはならないようなことを考えさせ、個人の権利を侵すことは決めてはならないことを理解させる。	b
展開3 18分	○修学旅行先の候補地の検討 修学旅行の目的を考え、候補地をどこにすべきかをみんなで考えよう。 ・Q4①について、修学旅行の目的を念頭に議論する。状況に応じて、グループディスカッションする。 ・議論の後、Q4②について各自検討	・選択の理由については、可能な限り、多く発表させる。一方の意見にのみ集中し、他方の意見やその理由が出ない場合には、教師が積極的に対立意見を出	c d

第7 多数決と民主主義

	させる。 ・議論によって他人の意見やその根拠を理解し、自分の意見や根拠を見直すことになり、その後の多数決による意思決定がよりよいものとなりうることを理解する。	すようにし、議論が深まるようにする。	
まとめ 9分	○決定の際の考慮事項 ・社会においては様々な場面で物事を決定する場合があること、その場合には適切な決定方法が求められること、決定内容にも注意を払う必要があること、多数決は有効な決定方法であるが、事前の十分な議論が必要であるとともに、個人の権利を侵す内容を決めてはならないことを確認する。	・多数決の際には、いくつかの事項を考慮しなくてはならないことに気付かせる。	

5 授業のポイント

安易に多数決とならないように意識して授業を進めるとよい。

第2章　教　　材

6　ワークシート（教員用）

年　　組　　番　名前

Q1　修学旅行先は○○か△△のどちらがよいですか？

Q2　下の表の「決める内容」に応じた「決定方法」を決めるには、どんな
　　決め方がいいですか。それはなぜですか。

決める内容	決定方法	理由
①　学級委員	多数決	クラスのみんなの代表だから
②　運動会のリレーの選手（男女各1人）	50m走の記録	早く走れる人を選ぶべきだから
③　給食の献立	学校の職員、栄養士に決めてもらう	栄養バランスや費用などを考えなくはならないから
④　余った給食を誰がもらえるか	じゃんけん	公平で簡単だから

Q3　次の内容をクラスの多数決で決めてしまうことにはどんな問題があり
　　ますか。

決める内容	問題
1年間の給食当番を特定の5人に決める	選ばれてしまった人の負担が大きすぎる、不公平

Q4　修学旅行先の候補地を修学旅行の目的から検討しましょう。

　　①　修学旅行は何のために行くのでしょうか。目的を考えたとき、○○と

第 7　多数決と民主主義

　△△のどちらに行くのがよいでしょうか。

目的：

修学旅行先：

②　1回目と2回目で意見が変わった人はその理由を、1回目と2回目の
　意見が同じ人は反対意見の中から「自分はそうは思わない」と思ったも
　のや「なるほど」と思ったものとその理由を書きましょう。

第2章　教　　材

7　ワークシート（生徒用）

年　　　組　　　番　名前

Q1　修学旅行先は○○か△△のどちらがよいですか？

Q2　下の表の「決める内容」に応じた「決定方法」を決めるには、どんな
決め方がいいですか。それはなぜですか。

決める内容	決定方法	理由
①　学級委員		
②　運動会のリレーの選手（男女各1人）		
③　給食の献立		
④　余った給食を誰がもらえるか		

Q3　次の内容をクラスの多数決で決めてしまうことにはどんな問題があり
ますか。

決める内容	問題
1年間の給食当番を特定の5人に決める	

Q4　修学旅行先の候補地を修学旅行の目的から検討しましょう。

①　修学旅行は何のために行くのでしょうか。目的を考えたとき、○○と
△△のどちらに行くのがよいでしょうか。

第7　多数決と民主主義

```
目的：

修学旅行先：
```

②　1回目と2回目で意見が変わった人はその理由を、1回目と2回目の
　意見が同じ人は反対意見の中から「自分はそうは思わない」と思ったも
　のや「なるほど」と思ったものとその理由を書きましょう。

第2章 教　材

| 第8 | 代表者を選ぶときに考えること |

■テーマ

「代表者を選ぶときに考えること」

■テーマの趣旨

現代の日本においては民主主義に基づく政治が行われており、投票によって自らの代表を選ぶことは、選ばれた人が行う政治や制度の制定に権威を与える根拠ともなっている。そのため、民主主義の根幹ともなる選挙において、自らがどのように考え、誰に投票していくのかを判断できることは、民主政治において大切な能力となる。

実際の選挙で誰に投票するかを検討するためには多角的思考が必要となるが、本授業では、その前段階となる思考過程に重点をおいた授業を行うことで、代表を選ぶ思考過程の基礎作りをすることをねらいとするものである。

また、本授業で扱う思考過程は、選挙以外の身の回りの出来事において、何かを選択していく際にも有用であることから、身の回りで起こる様々な問題について、主体的に考え行動していく力の育成につながるものである。

本授業においては、生徒も身近に接することがあるであろう文化祭をとりあげつつ、これまでその役割について深くは考えていなかったかもしれない文化祭の実行委員長を選ぶという疑似体験をすることによって、思考過程の経験をすることをねらいとしている（関東弁護士会連合会編『わたしたちの社会と法——学ぼう・法教育』関連頁9〜10頁、59〜63頁）。

第8　代表者を選ぶときに考えること

■学習指導案

1　授業名

「選んでみよう〜文化祭の実行委員長〜」

2　学習目標

　文化祭の実行委員長選びを通じて、民主主義の根幹ともなる選挙において代表を選ぶ思考過程の基礎作りをする。

3　評価の視点

a　それが何をするものなのか（役割）を考える。
b　その役割のためには、どんな能力が必要なのかを考える。
c　その必要とされる能力をふまえて、誰を選ぶかを考える。
という三段階に分けた思考過程ができている。

4　授業計画【50分】

時間	学習内容・学習活動	指導上の留意点	評価
導入 10分	○文化祭の実行委員長を決める ・ワークシートの事例を読み、今日の授業のテーマ（「選んでみよう〜文化祭の実行委員長〜」）をつかむ。 ○文化祭を実行するために必要なもの 文化祭を企画・実行するにあたって、事前に決めておくべきことは何だろうか？ ・文化祭の準備や運営に必要になる仕事を考え、ワークシートのQ1に答える。 ・何人かの生徒が発表し、その後教師からの例示を聞き、文化祭の運営面	・クラスの出し物といった点に視点が行きがちになるので、多面的に考えるよう働きかける。	a

101

第2章 教　　材

	から必要となる仕事についても確認する。		
展開 34分	○文化祭実行委員長の仕事 文化祭実行委員長の仕事をＱ１の中から選んでみよう。 ・作業のすべてを実行委員長一人でできるわけではないことを前提として、Ｑ１で出た仕事の中から、実行委員長でないとできないことが何かを考えて選び、ワークシートのＱ２に記入する。	・実行委員長でなく他の実行委員等でもできることは除いていく視点の必要性に気づかせる	a
	○文化祭実行委員長の能力 実行委員長の仕事を成し遂げるには、どのような能力が必要とされるかを話し合ってみよう。 ・実行委員長の仕事内容から、それを成し遂げるために必要な能力を考え、ワークシートのＱ３に記入する。	・役割から必要とされる能力を導き出すことが最も難しい作業であるため、十分な時間を確保するようにする。 ・できるだけ具体的な能力をあげさせる。	b
	○文化祭実行委員長に適任な人 実行委員長の仕事を成し遂げる能力を持つ人を選んでみよう。 ・実行委員長の仕事を成し遂げる能力にふさわしい人物を、学校内だけでなく、有名人やキャラクター、歴史上の人物などからあげる。その際、なぜその人が適任か、理由をその人のもつ能力と関連させながら考え、ワークシートのＱ４に記入する。	・クラス内の人に限らず、有名人や歴史上の人物などからも選ばせ、その人のどんな能力に着目して選んだのか理由が示されていれば良いものとする。 ・友人関係に配慮しながら授業をすすめる。	c

第8　代表者を選ぶときに考えること

| まとめ
6分 | ○代表を選ぶときの注意点
・本日の授業を振り返りながら、代表を選ぶときの注意点を確認する。
・何かを選ぶ際には、①それが何をするものなのか（役割）を考える、②その役割のためには、どんな能力や性能が必要なのかを考える、③その必要とされる能力や性能から考えてどれを選ぶかを考えるという三段階に分けた思考をすると選び間違いが起きにくいこと、この思考過程は、身の回りの様々なものを選ぶときにも使えること、将来選挙で人を選ぶときにも同じように考えていけることをまとめとして確認する。 | | |

5　授業のポイント

(1)　設問の構成について

　各設問は、①それが何をするものなのか（役割）を考える。②その役割のためには、どんな能力や性能が必要なのかを考える。③その必要とされる能力や性能から考えてどれを選ぶかを考える。

　という三段階に分けた思考過程を再現するように構成している。

(2)　Q1、Q2について

　Q1は、Q2と合わせて、「文化祭の実行委員長の仕事は何か」を考えるものである。設問を分けたのは、いきなり実行委員長の仕事をイメージすることが難しいであろうことを考慮したためである。そのため、文化祭において必要な作業を挙げた上で、その中から実行委員長の仕事を選ぶという二段階の構成としている。

　Q1では、できるだけ回答を沢山挙げてもらう方が、進めやすい。

　これに対し、Q2では、できるだけ絞った方が、Q3でそのために必要とされる能力の分析もしやすくなる。

103

第2章　教　材

⑶　Q3について

　役割に必要とされる能力の分析という作業であり、本授業でもっとも難しい作業となる。

　なんでもできるような人物設定になりがちであるが、できるだけ、具体的な能力を挙げていくことができるかがポイントとなる。

　例えば、コミュニケーション力といった場合でも、人の話を聞くことができる、相手の立場も考えることができる、自分の考えを伝えることができるというように能力を置き換えて検討することも有用である。

　Q2で仕事内容を絞りきらない場合、必要な能力が高くなりすぎてしまうため、疑似的になるとしても実行委員長の仕事内容を2つ、3つに絞っておくほうが議論しやすいであろう。

⑷　Q4について

　Q4では、必要とされる能力に着目して人選したかどうかという点が重要となる。身近な人を選んでもいいが、必要な能力を考えていった場合に、能力が高めに設定されてしまうことも多いと思われるため、キャラクターや有名人、歴史上の人物といった架空要素が入った人も選択対象にすることで人員選択がしやすくなるとともに、クラス内の人間関係にも影響をおよぼさない。誰を選んだかというより、選ぶにあたってどの能力に着目したか、Q3で考えた能力に着目したかがポイントである。

⑸　その他

　班分けした上でグループディスカッション形式にすることもできるが、Q3について、生徒だけで話して必要とされる能力を考え出すことは中学生には難しいであろう。

　本事例は、人を選ぶものであるが、高校選びや携帯電話選び、部活の道具選びといった別のものを選ぶ形式へと事例を変化させても同様の授業枠組みで進めることが可能である。

第 8　代表者を選ぶときに考えること

6　ワークシート（教員用）

年　　組　　番　名前

【事例】
　ある日のこと、朝教室に入ってきた先生が、「秋に学校で文化祭があります。ですので、生徒の中から文化祭の実行委員長を決めることになりました。誰がいいですか？」と言いました。
　生徒からは、「頭の良いＡがいいと思う」、「部活でも活躍しているＢがいいと思う」、「かっこいいＣがいいと思う」、「美人のＤの方がいいと思う」、「友達が多いＥがいいと思う」、等々色々な意見が出ましたが、なかなか決まりません。
　それを見ていた先生が言いました。
　「色々な人が候補に挙がっていますね。少し考え方を整理して、どういう人が文化祭の実行委員長に向いているか考えてみましょう。」

Ｑ１　文化祭をするために決めておかなければならないことを挙げてみましょう。

・どんな文化祭にしたいかの全体像（テーマ）を考える。学校としての特色を出すか等
・各実行委員への仕事の割り振り
・広報
　　文化祭そのものの広報の他に、当日の放送による案内、WEB の利用等
・会場管理
　　どの団体がどの場所を使うか等
・会計
　　収入と支出の管理
　　現金での販売とするか食券のようなものを作るか
・グッズ販売等、実行委員会主催の店を出すかどうか
・体育館等で講演等の催し物を行うかどうか
・各クラスの出し物の確認、集計
・部活による出し物の確認、集計
・食品の取り扱いの確認
・保護者等、生徒以外の来客を認めるかどうか
・当日判断が必要となる場合の連絡の取り方や待機場所
・体調不良者が出た場合の対応
・会場警備や安全面の確認

第2章 教　　材

・ゴミの管理
・案内誘導
・教員との協議
・準備の進行状況の確認
・次回への引き継ぎ方法
等々

Q2　Q1で挙げたもののうち、文化祭の実行委員長の仕事はどれでしょう。

・文化祭テーマの設定（決定）
・実行委員への仕事の割り振り
・全体の準備状況の把握
・教員との調整
・準備の仕方についての次回への引き継ぎ
等

Q3　Q2の仕事をするためには、どんな能力が必要でしょうか。

・全体を把握する広い視野
・物事を関連付けて考える力
・各実行委員が作業をしやすいように調整する力
・作業を分かりやすく伝える表現力
・バランス感覚
・人とコミュニケーションがとれる
・人前で話すことができる
・教員や学校外の人とも話し合っていくことができる
等

Q4　あなたが選ぶとしたら誰を文化祭の実行委員長にしますか（周りの人だ
　　けでなくキャラクターや歴史上の人物でもよい）。
　　　また、その人を選んだ理由も説明してください。

選んだ人

106

第8　代表者を選ぶときに考えること

選んだ理由

第2章 教　　材

7　ワークシート（生徒用）

年　　組　　番　名前

【事例】

　ある日のこと、朝教室に入ってきた先生が、「秋に学校で文化祭があります。ですので、生徒の中から文化祭の実行委員長を決めることになりました。誰がいいですか？」と言いました。

　生徒からは、「頭の良いAがいいと思う」、「部活でも活躍しているBがいいと思う」、「かっこいいCがいいと思う」、「美人のDの方がいいと思う」、「友達が多いEがいいと思う」、等々色々な意見が出ましたが、なかなか決まりません。

　それを見ていた先生が言いました。

　「色々な人が候補に挙がっていますね。少し考え方を整理して、どういう人が文化祭の実行委員長に向いているか考えてみましょう。」

Q1　文化祭をするために決めておかなければならないことを挙げてみましょう。

第8 代表者を選ぶときに考えること

Q2 Q1で挙げたもののうち、文化祭の実行委員長の仕事はどれでしょう。

Q3 Q2の仕事をするためには、どんな能力が必要でしょうか。

Q4 あなたが選ぶとしたら誰を文化祭の実行委員長にしますか（周りの人だけでなくキャラクターや歴史上の人物でもよい）。
また、その人を選んだ理由も説明してください。

選んだ人

選んだ理由

第2章　教　　材

| 第9 | 基本的人権の尊重と公共の福祉 |

■テーマ

「基本的人権の尊重と公共の福祉」

■テーマの趣旨

　日本国憲法を学ぶ上で、「基本的人権の尊重」という概念を習得できても、基本的人権を尊重しなければならない理由について考える機会はなかなか無く、基本的人権を尊重しなければならないことを実感することまではできていないと思われる。

　本授業では、「なぜ基本的人権を尊重しなければならないか」の意味を考えることで、1人ひとりの人格をかけがえのないものとして尊重し、生き方を大切にする「個人の尊重」という考えが重要であることを理解させる。

　その上で、最大限尊重しなければならない基本的人権であっても、他の人権と互いに衝突することがあり、その際には「公共の福祉」による調整を受けることを理解させる。授業においては、人権が衝突する場面において、具体的にその衝突する人権をどのように調整するかを考える中で、「公共の福祉」が各個人の基本的人権の保障を確保するためのものであることを実感させることをねらいとしている（関東弁護士会連合会編『わたしたちの社会と法──学ぼう・法教育』関連頁69～72頁）。

第9　基本的人権の尊重と公共の福祉

■学習指導案

1　授業名

「『公共の福祉』ってなんだろう？」

2　学習目標

　基本的人権が最大限尊重されることが必要であること、基本的人権といえども完全に無制約なわけではなく、「公共の福祉」による調整を受けることがあること、人権と人権を調整する原理である「公共の福祉」の意味内容を理解する。

3　評価の視点

a　基本的人権にどのような権利が含まれているのか整理できる。

b　基本的人権は最大限尊重されなければならないことを理解できる。

c　人権が衝突する場合においてどのように調整が図られるべきかを多面的に検討することができる。

d　「公共の福祉」が、基本的人権相互の矛盾・衝突を調整する公平の原理であることを理解できる。

4　授業計画【50分】

時間	学習内容・学習活動	指導上の留意点	評価
導入 10分	○「基本的人権」とは 教科書で学んだことのある「基本的人権」のうち知っている権利をあげてみましょう。 ・生徒はワークシートのQ1に権利の名称を記入し、何人かが答えを発表する。 ○本日の授業のねらいの確認	・自由権、社会権、平等権などを確認させる。 ・本日の授業のねらいを説明する。	a

111

第2章　教　　材

	・今日の授業は、基本的人権がなぜ最大限尊重されなくてはならないのか、もし人権が衝突したときにはどのように調整するかについて学習することを確認する。		
展開 35分	○「基本的人権」を尊重しなければならない理由 なぜ基本的人権は尊重されなければならないか、その理由を考えてみましょう。 ・なぜ基本的人権は尊重されなければならないかを考え、ワークシートのＱ２に記入する。 ○基本的人権の衝突（処分場により誰の権利が損なわれる可能性があるか） 産業廃棄物処分業者が、産業廃棄物最終埋立処分場を建設しようとしています。その処分場の予定地は、水道取水口近くに流入する川の水源付近となっています。この場合、誰がどのような不利益を被る可能性があるか考えてみましょう。 ・処分場ができることにより、誰がどのような被害を受ける可能性があるかを想像し、ワークシートのＱ３－1に記入し、グループごとに発表する。 ・川の水道水を利用する住民の人格権（生命や健康を損なうことのない水を確保する権利）が損なわれる可能性があることを確認する。 ○基本的人権の衝突（建設差止めにより誰の権利が損なわれる可能性があるか）	・生徒にとっては難しい問いかけであるが、考える価値のあることであることを伝える。 ・基本的人権の規定が、最大限尊重される理由を憲法11条などの規定を紹介しつつ、説明する。 ・様々な利害関係者がいることを想像させ、どのような問題が存在するかをグループごとに考えさせる。 ・新聞記事などを用いて、産業廃棄物の最終処分場がどのような施設かということを理解させる。	b c

第9 基本的人権の尊重と公共の福祉

その川から取水している水道水を利用している一部住民は、産業廃棄物最終埋立処分場建設の差止めを求めて裁判を起こすことにしました。もし差止めが認められた場合、誰がどのような不利益を被る可能性があるか考えてみましょう。	・当該業者の生活や事業全般への影響という視点が出てこない場合には誘導する。　　　　　c

・処分場建設が差し止めされることにより、誰がどのような被害を受ける可能性があるかを様々な立場から想像し、ワークシートのＱ３－２に記入し、発表する。
・産業廃棄物業者が営業できなくなったり、建設業者や運送業者の利益が無くなったりする可能性があることを確認する。
・産業廃棄物処分業者の営業の自由が損なわれるという不利益や当該地域住民・業者の生活や事業活動全般（幸福追求権等）が損なわれるという不利益が存在し、それらが互いに衝突していることを確認する。

・どのような権利が衝突しているかを確認させる。

○迷惑施設は作られるべきか否かを考える　　　　　　　　　　　　　c
　　　　　　　　　　　　　　　　　　d

産業廃棄物最終埋立処分場建設の差止請求は認められるべきでしょうか、認められるべきではないでしょうか。またそのように判断した理由を考えてみましょう。	・「認められるべき」、「認められるべきではない」という双方の意見があがるように工夫する。具体的には、請求を認める必要性の大きさと請求を認めた場合に生じる不利益の大きさの比較を考えさせる。

・処分場建設の差止請求は認められるべきか、認められるべきではないかを様々な立場から考え、ワークシートのＱ３－３に記入し、発表する。Ｑ３－３の事例について、ワークシートに記入した上で、意見交流をする。

・人権と人権が衝突してその調整が必要な場面において、多様な利益を

113

第2章　教　　材

	グループ発表を踏まえた意見交換をする。	比較衡量する発想ができているかを確認する。	
まとめ 5分	○本日の授業のまとめ ・基本的人権は最大限尊重されるべきであるが、「公共の福祉」による調整を受けることを理解した上で、「公共の福祉」による調整を受けない基本的人権もあるなど「公共の福祉」によるといえども無制限のものではないことを確認する。	・公共の福祉によって権利が調整される面と公共の福祉の効力が無制限ではないことを説明する。	

5　授業のポイント

(1)　本授業の最終的なねらいは、「公共の福祉」による制約についての理解にあるが、そのためには、まずは基本的人権とは何かということと、基本的人権が尊重されなければならない理由を理解させる。

　Ｑ１は、基本的人権として認められているものにどんなものがあるのかを確認するものであり、Ｑ２は、なぜ基本的人権が尊重されなければならないのかを問うものである。

(2)　水戸地方裁判所平成17年7月19日判決（同事件では、有害物質が漏出して水道水が汚染されるおそれがあるとして産業廃棄物最終埋立処分場の建設等の禁止請求が認められている）を参考とした。生命や健康を損なうことのない水を確保する権利の侵害をめぐる具体的事例を通じて、人権と人権とが矛盾・衝突する場面があること、その矛盾・衝突する場面においては理が必要になること、その矛盾・衝突を調整する原理として「公共の福祉」があることが理解できるようになることをめざしたものである。

(3)　これまで述べてきたとおり、「公共の福祉」は人権が衝突した場合の調整原理になるものである。しかし、「公共の福祉」によって人権に対する調整が許されることだけ述べて授業を終えてしまうとその点が印象づけられてしまうため、まとめにおいては、「公共の福祉」の名のもとにむやみに人権が調整されるものではないことを加えて説明することが必要であろう。

第9 基本的人権の尊重と公共の福祉

6 ワークシート（教員用）

年　組　番　名前

Q1　基本的人権として保障されているものの中には、どのような権利があるでしょうか？

・自由権
　①　精神的自由……思想・良心の自由、表現の自由、信教の自由等
　②　生命・身体の自由……人間の尊厳に反する扱いの禁止、黙秘権等
　③　経済活動の自由……居住移転の自由、職業選択の自由、財産権等
・平等権
・社会権（生存権、教育を受ける権利、勤労の権利、労働基本権）
・新しい権利（環境権、プライバシーを守る権利、知る権利、自己決定権等）

Q2　なぜ基本的人権は最大限尊重されなければならないのでしょうか？

　1人ひとりの人格はかけがえのないものであって、政治的な価値の究極の担い手は民族とか国家といった集団ないし全体ではなく個々の人間であり、集団ないし全体はむしろ個々の人間のためにのみその存在意義が承認されるものであって、個々の人間は、人間がただ人間であるということに基づいて当然に権利を有していることから。

Q3－1　産業廃棄物処分業者が、産業廃棄物最終埋立処分場を建設しようとしています。しかし、その処分場の予定地は、水道取水口近くに流入する川の水源付近となっています。この場合、誰がどのような不利益をこうむることが考えられますか？

・その川の水道水を利用する住民の人格権（生命や健康を損なうことのない水を確保する権利）が損なわれるという不利益
・その川の付近の土地の価値が下落し、土地所有者の財産権が損なわれるという不利益

Q3－2　その川の水道水を利用している住民らは、産業廃棄物最終埋立処分場建設の差止めを求めて裁判を起こすことにしました。もし差止めが認められた場合、誰がどのような不利益をこうむることが考えられますか？

115

第2章 教　　材

・産業廃棄物処分業者の営業の自由が損なわれるという不利益
・当該地域住民・業者の生活や事業活動全般（幸福追求権等）が損なわれる
　という不利益

Q3-3　この裁判で、産業廃棄物最終埋立処分場建設の差止請求は認められ
　　るべきでしょうか、認められないべきでしょうか？　またそのように考え
　　たのはなぜですか？

・認められるべき　　　　　　　　　　　　　・認められないべき
（理由）
・認められるべき（産業廃棄物最終埋立処分場の影響により水道水が汚染さ
　れる蓋然性があり、生命や健康、土地の財産的価値等を損なう可能性が否
　定できないから）
・認められないべき（産業廃棄物最終埋立処分場の建設が認められないと当
　該地域住民・業者の生活や事業活動全般への影響が甚大である。一方で、
　産業廃棄物最終埋立処分場の影響により水道水が汚染される可能性は低い
　ことから）

【本日のまとめ】本日の授業で学んだ事項を以下に記載しましょう。

　各個人の基本的人権の保障を確保するためには、基本的人権相互の矛盾・
衝突を調整する必要があり、その調整のための公平の原理である「公共の福
祉」に服する。なお、「公共の福祉」には、各個人の基本的人権の共存を維持
するという消極目的のものと、形式的平等に伴う弊害を除去し多数の人々の
生活水準の向上をはかるという積極目的のものとがある。

　「公務員による拷問及び残虐な刑罰は、絶対にこれを禁ずる。」（憲法36条）
とあるように、「公共の福祉」による制約を受けない権利も存在する。

第9　基本的人権の尊重と公共の福祉

7　ワークシート（生徒用）

年　　　組　　　番　名前

Q1　基本的人権として保障されているものの中には、どのような権利があるでしょうか？

Q2　なぜ基本的人権は最大限尊重されなければならないのでしょうか？

Q3−1　産業廃棄物処分業者が、産業廃棄物最終埋立処分場を建設しようとしています。しかし、その処分場の予定地は、水道取水口近くに流入する川の水源付近となっています。この場合、誰がどのような不利益をこうむることが考えられますか？

Q3−2　その川の水道水を利用している住民らは、産業廃棄物最終埋立処分場建設の差止めを求めて裁判を起こすことにしました。もし差止めが認められた場合、誰がどのような不利益をこうむることが考えられますか？

117

第2章　教　　材

Q3-3　この裁判で、産業廃棄物最終埋立処分場建設の差止請求は認められるべきでしょうか、認められないべきでしょうか？　またそのように考えたのはなぜですか？
・認められるべき　　　　　　　　　・認められないべき （理由）
【本日のまとめ】本日の授業で学んだ事項を以下に記載しましょう。

118

第9　基本的人権の尊重と公共の福祉

人権の制約原理・調整原理

　明治憲法下では、国民の権利は法律の範囲内において保障されているにすぎず、法律によれば制限が可能なものとされており（いわゆる法律の留保）、人権保障は十分なものではありませんでした。

　これに対し、日本国憲法では、基本的人権の尊重及び個人の尊厳が定められており、国家の都合で人権を制約することは認められていません。このことからも、日本国憲法は1人1人の人格をかけがえのないものとして尊重していることが分かります。

　ただし、最大限尊重しなければならない基本的人権であっても、他の人権が互いに衝突することがあります。お互い間違っているわけではなく、尊重されるべきものが衝突している状態です。例えば、自分の土地に家を建てる際に、自分の土地なのですから、本来自分の財産権に従って自由な家を建てることができるはずです。しかし、隣地との境界ぎりぎりに家を建てたり、すごく高い建物を建てると隣家の日当たりが悪くなったりして、近隣者の安全や日照権を害することになります。そこで、家を建てるに当たっては建築基準法により一定の制限を受けることになります。

　このように、人権と人権が衝突した場合に、その際には「公共の福祉」による調整を受けることがあり、「公共の福祉」は人権の調整原理として作用するものと理解されています。

第2章　教　　材

| 第10 | 基本的人権と調整原理 |

■テーマ

「基本的人権と調整原理」

■テーマの趣旨

　基本的人権は、それぞれが独自に尊重されるものであるが、相互に関連し合う関係にあり、場合によってはそれぞれの基本的人権が対立し、衝突することもある。そのため、基本的人権が確保されるためには、別の基本的人権が制限されなければならないといったことも起こりうる。

　その一例として挙げられるのが、表現の自由とプライバシーの権利（人格権）の衝突である。表現の自由は、自分の考えや価値観をさまざまな方法で伝えることが自由にできる権利であり、個人の尊厳のためにきわめて重要な権利と考えられている。他方で、人には、他人に知られたくない個人情報もあるので、自分に関するどのような情報を他人に知らせ、または知らせないかを自分で決めることも個人の尊厳のために必要不可欠であり、プライバシーの権利もきわめて重要な権利である。

　本授業においては、表現の自由とプライバシーの権利のそれぞれの重要性を理解させた上で、この2つの人権が衝突する場合にどのように調整するべきかを具体的事例を通じて考察させることをねらいとしている（関東弁護士会連合会編『わたしたちの社会と法──学ぼう・法教育』関連頁3頁、6～8頁、68～72頁）。

第10 基本的人権と調整原理

■学習指導案
　1　授業名
　　「学校新聞における表現の自由とプライバシーの権利」

　2　学習目標
　「表現の自由」及び「プライバシーの権利」の重要性を理解するとともに、
これらの権利が衝突することがあり、互いに制約が生じる場合があることを
理解する。また、人権同士の衝突が生じた場合、その両者をどのように調整
すべきかを考える。

　3　評価の視点

　a　表現の自由が基本的人権として認められており、個人の尊厳のため
　　にきわめて重要な権利であることを理解できる。
　b　プライバシーの権利も個人の尊厳のためにきわめて重要な権利であ
　　ることを理解できる。
　c　表現の自由とプライバシーの権利が衝突する場合、どのように調整
　　するかを考察し判断することができる。その際、調整による制約は必
　　要最小限であるべきであることを意識することができる。

121

第2章　教　　材

4　授業計画【50分】

時間	学習内容・学習活動	指導上の留意点	評価
導入 5分	○学校新聞の役割 学校新聞の発行は学校生活にどのように役立つと思いますか。 ・予想される回答 「全校生徒が学校の出来事を知ることができる。」 「家庭でも学校の出来事を知ることができる。」 「全校生徒や家庭に情報を発信することができる。」	・生徒の発言を、情報を受け取る側と情報を発信する側の利点に整理し、自由な表現が認められることが情報を受け取る側の「知る権利」にも資することを理解させる。	a
展開1 15分	○学校新聞に掲載される内容の是非 学校新聞に掲載される内容の是非に関して、候補者A、新聞委員会、推薦人D、読者の4者の立場から考えてみましょう。 ・事例を読み、Q1の推薦人Dの書いたB候補者の推薦文に、対立候補Aの知られたくない個人情報が書かれていたことに対して、4者の立場から考え、ワークシートに記入し、グループ内で発表する。 ○4者の立場からどのような意見が出たのか確認しクラス全体で共有する。	・グループ内の生徒を4者の立場に割り振って、それぞれの立場から考えさせる。 ・生徒の意見を表現の自由、知る権利、プライバシーの権利の観点から整理する。	a b
展開2 25分	○学校新聞の配布を中止することの是非 問題となった推薦文を載せた学校新聞の配布を、校長先生が直前に中止させたことは適切か否かを話し合いましょう。	・表現の自由の重要性を示しつつも、公開されてしまった情報を元の状態に戻すことはできないことを説明する。	c

		第10　基本的人権と調整原理
	・Q2について、ワークシートの中を埋め、グループ内で議論する。 ・話し合いの途中で、表現の自由とプライバシーの権利の尊重との調整について、次の観点から考える。 ①制約の目的の正当性 ②目的のために制約される権利の内容や性質、具体的な制約の方法や程度	・人権が衝突する場面においての制約は必要最小限にとどめる必要があることを説明する。
まとめ 5分	○本日の授業のまとめ ・日本国憲法では、「公共の福祉」を人権衝突時の調整原理として規定しているが、「公のため」に一方の人権を制約する意味ではないこと、大勢の利益になるからという理由だけで人権を制約することは許されないこと、人権は個人の尊厳を実現するために重要なものであるため、制約される場面であっても必要最小限の制約である必要があることを確認する。	・時間がある場合に裁判例を紹介する。

5　授業のポイント

(1)　設問の構成について

　表現の自由とプライバシーの権利の重要性を、さまざまな立場に立たせて検討させたうえ、両者の調整を検討させる構成となっている。

(2)　Q1について

　本件で問題になっているのは学校新聞であり、生徒会選挙に関する記事である。生徒会という自治的組織の重要性、そのリーダーを生徒自らの意志で選出することの重要性からすると、学校新聞で選挙特集号を出す意味は大きい。一方で、候補者Aはその記事が出されることで、成績が悪いことが全校生徒の知るところとなってしまう。

　生徒には、それぞれの立場から、自らの利益を主張することで表現の自由とプライバシーの権利の重要性を確認させ、衝突する場面があることを理解

123

第2章 教　　材

させる。

(3)　Q2について

　Q2では、衝突した表現の自由とプライバシーの権利をどのように調整するかについて考察する内容となっている。本事例では、学校長が問題となっている箇所を削除して発行するよう指示しており、これに従うと結果的に学校新聞の発行が困難になる内容であり、調整結果として適切なのかどうかを検討させる。

　まず、ワークシートを用いて、学校長の指示に従った場合どのような利益が守られるのか、あるいはどのような利益が守られないのかを検討させ、表現の自由とプライバシーの権利のどちらを制約させるかについて比較衡量させる。つぎに、教員の側で、人権が衝突し調整が必要になった場合の制約が必要最小限のものでなければならないことを示した上、再度、学校長の指示が適切かどうか検討させるのが望ましい。

　本問は架空事例であり結論を出すことを目的としていない。人権と人権が衝突した場合の調整においてどのようなことを考慮するのかを理解させ、調整が難しいことを理解できれば良いと考えている。

第10 基本的人権と調整原理

6 ワークシート（教員用）

年　　組　　番　名前

【事例】

　てんびん中学校では、生徒会長を選挙で選ぶことになっています。今年は、
Aさん、Bさんの2名が立候補しました。てんびん中学校の新聞委員会は、毎
年、選挙期間に合せて、選挙特集号を発行しており、有権者である生徒に候
補者の人となりが分かる記事を載せています。

Q1　新聞委員会では、Aさんを支持しているCさんとBさんを支持してい
　　るDさんに、それぞれ候補者推薦文を書いてもらい、これを掲載するこ
　　とにしました。Dさんの書いた推薦文は次のとおりです。

> 私は、Bさんを支持します。Bさんは、しっかり者で責任感も強く、優秀
> だからです。一方、Aさんは、みんなに知られていないのですが、成績が
> 良くありません。私としては、生徒会長はみんなの代表なので、学業の面
> でも優秀な人に生徒会長になってもらいたいと思います。

　新聞委員会では、Dさんの書いた推薦文をそのまま記事に載せることにし、
原稿が出来上がりました。ところが、記事になることを知ったAさんは、新
聞委員会へ新聞を発行しないよう求めてきました。

　新聞の発行をすべきでしょうか、それともやめるべきでしょうか。Aさん
の立場、新聞委員会やDさんの立場、新聞を読む全校生徒の立場に立って考
えたうえで結論を出して下さい。

Aさんの立場	結論：発行すべき　(発行すべきでない) 理由：実は成績が良くないということは知られておら 　　　ず、学校新聞に書かれると全校生徒の知るとこ 　　　ろとなる。知られてしまうと、元に戻せない。
新聞委員会の立場	結論：(発行すべき)　発行すべきでない 理由：生徒会選挙は重要であり、選挙特集記事も重 　　　要。どのような文書を書くか、文書を掲載する 　　　かについては新聞作成者に表現の自由がある。 　　　当事者の意見を聞いていては新聞記事が書けな 　　　くなる。

125

第２章　教　材

Ｄさんの立場	結論：発行すべき（○）・発行すべきでない 理由：Ｂさんを生徒会長にしたくて推薦文を書いたの 　　　に、それが掲載されないのは表現の自由に対す 　　　る侵害だ。反論があるならＡさんも表現で反 　　　論するべきである。
読者の立場	結論：発行すべき（○）・発行すべきでない 理由：生徒会長を選ぶにあたって、いろいろな情報を 　　　知ることができた方が良い。それぞれの候補者 　　　の推薦文が掲載されなければ、誰に投票するか 　　　検討しづらくなる。Ａさんも生徒会長に立候補 　　　する以上は、プライバシーが知られるところに 　　　なってもやむを得ないのではないか。

Ｑ２　新聞委員会では、結局、Ｄさんの推薦文を掲載した選挙特集号を印刷し、全校生徒に配布することにしました。現在、印刷は完了し、これから全クラスに持っていく段階です。ところが、記事の内容を知った校長先生が飛んできて、配布を中止し、Ｄさんの推薦文をすべてカットして発行するよう指示しました。校長先生の指示どおりにすると投票日前に選挙特集号を出すことは、スケジュール上、不可能になってしまいます。校長先生の指示が適切か不適切か考えて下さい。

校長先生の指示どおりにするとどのような利益が守られるか	・Ａさんのプライバシーの権利が守られる
校長先生の指示どおりにするとどのような利益が守られないか	・新聞委員会の新聞編集の自由が守られない ・Ｄさんの表現の自由が守られない ・読者の知る権利が守られない
校長先生の指示は適切か不適切か。その理由は？	結論：適切・不適切 理由：（適切）制約の目的はＡさんのプライバシーの 　　　権利保護であり正当。学校新聞が出されることで明ら 　　　かになるＡさんに関する情報は生徒会長の資質に関

第10　基本的人権と調整原理

するものとはいえない一方で、Aさんの情報が公開されたことでAさんが被る損失は回復困難。

（不適切）制約の目的が正当だとしても、制約される権利は表現の自由で重要。校長先生の指示通りにすると選挙特集号の発行が投票日に間に合わず、生徒会選挙前に立候補者の情報を知る権利が妨げられ、制約により被る損失は大きい。

第2章　教　　材

7　ワークシート（生徒用）

年　　組　　番　名前

【事例】

　てんびん中学校では、生徒会長を選挙で選ぶことになっています。今年は、Aさん、Bさんの2名が立候補しました。てんびん中学校の新聞委員会は、毎年、選挙期間に合せて、選挙特集号を発行しており、有権者である生徒に候補者の人となりが分かる記事を載せています。

Q1　新聞委員会では、Aさんを支持しているCさんとBさんを支持しているDさんに、それぞれ候補者推薦文を書いてもらい、これを掲載することにしました。Dさんの書いた推薦文は次のとおりです。

> 私は、Bさんを支持します。Bさんは、しっかり者で責任感も強く、優秀だからです。一方、Aさんは、みんなに知られていないのですが、成績が良くありません。私としては、生徒会長はみんなの代表なので、学業の面でも優秀な人に生徒会長になってもらいたいと思います。

　新聞委員会では、Dさんの書いた推薦文をそのまま記事に載せることにし、原稿が出来上がりました。ところが、記事になることを知ったAさんは、新聞委員会へ新聞を発行しないよう求めてきました。

　新聞の発行をすべきでしょうか、それともやめるべきでしょうか。Aさんの立場、新聞委員会やDさんの立場、新聞を読む全校生徒の立場に立って考えたうえで結論を出して下さい。

Aさんの立場	結論：発行すべき・発行すべきでない 理由：
新聞委員会の立場	結論：発行すべき・発行すべきでない 理由：

Dさんの立場	結論：発行すべき・発行すべきでない 理由：
読者の立場	結論：発行すべき・発行すべきでない 理由：

Q2　新聞委員会では、結局、Dさんの推薦文を掲載した選挙特集号を印刷し、全校生徒に配布することにしました。現在、印刷は完了し、これから全クラスに持っていく段階です。ところが、記事の内容を知った校長先生が飛んできて、配布を中止し、Dさんの推薦文をすべてカットして発行するよう指示しました。校長先生の指示どおりにすると投票日前に選挙特集号を出すことは、スケジュール上、不可能になってしまいます。校長先生の指示が適切か不適切か考えて下さい。

校長先生の指示どおりにするとどのような利益が守られるか	
校長先生の指示どおりにするとどのような利益が守られないか	
校長先生の指示は適切か不適切か。その理由は？	結論：適切・不適切 理由：

第2章 教　　材

Column 表現の自由とプライバシーの権利が問題となった裁判例〜「石に泳ぐ魚」事件

　表現の自由とプライバシーの権利が問題となった裁判例を紹介します（最高裁判所平成14年9月24日判決）。

（事案）

　この裁判は、ある作家が、特定の人物をモデルとした小説で、国籍や身体的な特徴などを描写したため、モデルとされた人物がプライバシー及び名誉感情が侵害されたことを理由に小説の出版の差止めなどを求めた事案です。

（裁判所の判断）

　裁判所は、権利を侵害する行為（今回の件では、小説の出版がこれにあたります）を差し止めることができるのか、できるとすればどのような場合に差止めが認められるのかという点について判断をしました。

　権利を侵害する行為の差止めの可否について、人格的価値を侵害された者は、人格権に基づき、加害者に対し、現に行われている侵害行為を排除し、または将来生ずべき侵害を予防するため、侵害行為の差止めを求めることができるとして、差止めを認めました。

　そして、どのような場合に侵害行為の差止めが認められるかについて、侵害行為の対象となった人物の社会的地位や侵害行為の性質に留意しながら、予想される侵害行為によって受ける被害者の不利益と侵害行為を差し止めることによって受ける侵害者の不利益とを比較衡量して決めるべきだとしました。そして、侵害行為が明らかに予想され、その侵害行為によって被害者が重大な損失を受けるおそれがあり、かつ、その回復を事後に図るのが不可能ないし著しく困難になると認められるときは侵害行為の差止めを認めるべきだと

第 10　基本的人権と調整原理

しました。

　そのうえで、この裁判の具体的な事案においては、①モデルと
なった人物が公的立場にある者ではないこと、②小説で問題とされ
ている表現内容が公共の利害に関する事項でないこと、③小説出版
等がされればモデルとなった人物の精神的苦痛が倍加され平穏な日
常生活や社会生活を送ることが困難になること、④小説を読む者が
新たに加わるごとにモデルとなった人物の精神的苦痛が増加し平穏
な日常生活が害される可能性が増大することを挙げ、小説の出版差
止めを認めました。

第2章 教　　材

| 第11 | 新しい人権 |

■テーマ

「新しい人権」

■テーマの趣旨

　法は社会のルールであり、ルールを理解し、具体的な事象がそのルールに適合するのか、反するのかなどを自ら判断できるようになる必要がある。これを判断できる能力（法的思考力）を身につけるためには、法的思考方法を身につける必要がある。法的な思考方法としては、争点（論争や対立）が何かを理解すること、争点の背後にある価値や見方・考え方を探求することなどがある。

　日本国憲法には、表現の自由等具体的な人権規定が置かれているが、産業の発達、科学技術の発展、情報化の進展等によって、保障が要請される利益や人権も変化することがある。このような場合、どの利益を「人権」として保障すべきなのかという、「新しい人権」の問題が生じ、これまで「プライバシーの権利」や「環境権」、「知る権利」などが議論されてきた。

　今後も、「新しい人権」の問題が生じ、権利として保障されるべきかどうかの判断が求められることが予想される。その際に自分の意見をもち述べられるようにするには、争点が何かを理解し、その背後にある価値や見方・考え方はどのようなものか、何を尊重すべきかなどを考えられる力をつけておく必要がある。

　本授業では、「新しい人権」の一つとされているプライバシーの権利と、現在、「新しい人権」として認めるべきか争いのある「忘れられる権利」を題材に、どのような背景のもと、その権利が主張されるようになったのか、その権利を認めることはどのようなことを意味するのかなどを考えることによって、法的な思考方法を体験することをねらいとしている（関東弁護士会連合会編『わたしたちの社会と法——学ぼう・法教育』関連頁28〜29頁、39〜40頁、76頁〜78頁）。

132

第11 新しい人権

■学習指導案

1 授業名

「プライバシーの権利、忘れられる権利」

2 学習目標

　新しく主張されるようになった権利について、それを権利として認めるかどうかを判断する際に、どのようなことを考慮すべきなのかを考察し、理由と結論をあわせて意見を述べることで法的な思考方法を体験する。また、情報化やグローバル化などの社会の変化とともに、これまでになかった人権が認められてきていることや、新しい人権がこれから認められることもあることに気づく。

3 評価の視点

a　社会の状況、価値観の変化から、人として生活していく中で保護されるべき利益にも変化がみられることを理解する。

b　保護されるべき利益は、法的な保護に値する利益となり、「新しい人権」として保障されることがあることを理解する。

c　「新しい人権」として保障される背景に、具体的にどのような社会状況の変化があるのか理解する。

d　「新しい人権」が主張されることにより対立する法的な利益がどのような影響を受けるのかについて理解する。

第２章　教　　材

4　授業計画【50分】

時間	学習内容・学習活動	指導上の留意点	評価
導入 5分	○既習の権利の名称 これまでにどのような権利を学習してきたでしょうか。 平等権、自由権、社会権、参政権など 今日は、これまでの歴史的に確立されてきた権利ではなく、新しい人権について学習します。	・日本国憲法で規定されている権利を確認する。	
展開1 20分	○新旧の学級連絡網の比較 近年、学級連絡網に変化が見られるようになりました。これまでの学級連絡網は、新しい連絡方法と比較してどのようなメリットとデメリットがあるでしょうか。そして、このデメリットは、新しい連絡方法で改善されているのかを考えてみましょう。 ・4人一組の班をつくり、事例1を読み、ワークシートに記入する。 ○連絡方法が変更された理由 これまでの連絡方法が新しく変更された理由を、社会的背景を含めていくつかあげてみよう。 ・個人情報の保護という利益が「人権」として認識されるようになった社会的背景や意識の変化を考え、班ごとにワークシートを作成する。	・デメリットとして、個人の情報が公開されてしまう点に気付かせる。 ・個人の情報保護が配慮され、新しい連絡方法が導入されてきたことに気付かせる。 ・科学技術の進歩などにより情報技術や情報そのものに対する意識が変化したことに気付かせる。	a b c

134

第11　新しい人権

展開2 20分	○「忘れられる権利」を考える 個人がインターネット上に投稿した情報を削除するよう検索エンジン管理会社に依頼することは適切か否かを考えてみましょう。 ・事例2を読み、班ごとに検討し、ワークシートに記入する。 ○各班の判断の再検討 適切であると判断した生徒は、削除や非表示を求めることにどのような利益があるのか、適切ではないと判断した生徒は、削除や非表示を求める利益が法的に保護されるものではない理由を考えてみましょう。 ・各班で出した判断をもう一度考え直す。 ○「忘れられる権利」に関する裁判事例 ・「忘れられる権利」が主張されるようになったきっかけを確認する。	・適切か否か、いずれの結論についてもその理由を発表させ、両者の考え方をお互いが知れるようにする。 ・「忘れられる権利」の背景にインターネットが大量の個人データを保存・蓄積することが可能になったことがあることに気付かせる。 ・検索エンジン管理会社に、検索結果の削除の措置を求めた裁判事例を紹介する。	d
まとめ 5分	○本日の授業のまとめ ・「プライバシーの権利」や「忘れられる権利」などの権利が新しく主張されるようになってきた背景を確認する。 ・今後、新たな権利に関する問題が生じた場合、さまざまな視点からその権利を認めるか否かを判断する必要があることを理解する。	・本日の授業を振り返りながら、学習内容を確認させる。	

5　授業のポイント

(1)　基本的人権と新しい人権

基本的人権とは、人間が人間らしい生活を送るために生まれながらにもっ

第2章 教　材

ている権利をいう（関東弁護士会連合会編『わたしたちの社会と法——学ぼう・法教育』関連頁54頁）。日本国憲法には、詳細な人権規定が置かれ、この基本的人権は憲法上保障されている。もっとも、憲法制定時には予想されておらず、その後の産業の発達、科学技術の発展、情報化の進展等によって保障が要請される利益も人権として保障すべきあり、どの利益を「人権」として保障すべきなのかという問題が生じてくる。これが「新しい人権」の問題である。新しい人権として議論になっているものとして、「プライバシーの権利」、「環境権」、「知る権利」などがある。

(2)　プライバシーの権利

当初は、主に私人間における私生活上の事実の公開が不法行為に当たることの法的根拠として、「そっとしておいてもらう権利」、「ひとりでいさせてもらう権利」、「私生活をみだりに公開されないという法的保障・権利」ととらえられていた。しかし、コンピュータ技術などの急速な発展により「情報化社会」の時代になると、公権力や大組織が個人に関する情報を収集・保管することが、守られるべき個人の秘密にとって脅威になると認識されるようになり、プライバシーの権利を「自己に関する情報をコントロールする権利」ととらえるようになってきた。

第11 新しい人権

6 ワークシート（教員用）

年　　組　　番　名前

【事例1】
　あなたは、A学校の新入生です。担任のB先生から、自分の氏名のほかに、住所、電話番号（自宅、保護者の携帯電話）、保護者のメールアドレス、保護者の氏名欄のある連絡票を渡され、翌日までに記入して提出するよう言われました。
　翌日、学校に連絡票を持っていくと、B先生が、「私が学生のころは、この連絡票に書いてある内容をそのまま表にして、全校生徒分が集められて冊子化され、名簿として配られていたなあ。緊急時の学校からの連絡も、予め電話連絡網がつくられ、先生が最初の何人かに電話をかけて、それぞれが次の何人かに電話をかけて、クラス全員に連絡していたなあ。」という話をしていました。
　いま、A学校では、提出した連絡票は学校が管理しており、連絡票に書いた内容が、全校生徒に知られるということはありません。また、緊急時の学校からの連絡は、外部の会社にお願いしてメールアドレスを使った連絡方法のシステムがつくられています。具体的には、特定のクラスや学年にだけ連絡することも、全校生徒に一斉に連絡をすることもできますし、メールを受け取った保護者がメールを確認したかどうかを学校側で把握することもできます。
（学級連絡網のイメージ）

137

第2章 教　　材

Q1　これまでの学級連絡網は新しい連絡方法と比較して、どのようなメ
　　　リットとデメリットがあるでしょうか。そして、このデメリットは、新
　　　しい連絡方法で改善されているでしょうか。

メリット	デメリット	改善点
学校が連絡をする人が少しですむ。 クラスの人の名前がわかる。 スムーズにクラス全体に連絡がなされる。	個人情報が明らかになっている。 冊子をなくした場合には、多くの個人情報が流出することにもなる。 伝言ゲームのようになり、伝えられる内容が間違ってしまう可能性がある。 不在の人がいると連絡が途中で止まってしまったり、何度も電話をかけなければならなかったりする人が出てしまう。	冊子から、他の学生等に個人情報が知られることはなくなる。 そもそも冊子がなくなるので、冊子をなくす可能性がなくなる。 一斉にメールされるので、間違った内容が伝えられる可能性はない。 メールであれば、一度に送信することができるし、伝えられる。

Q2　現在のＡ学校における連絡方法は、Ｂ先生が中学生のころから変わっ
　　　てきています。その理由について考えてみましょう。

個人情報保護、プライバシーの権利が意識されるようになった。
科学技術の進歩などにより、デメリットを解消することができるような仕組
みをつくることができるようになった。

第11 新しい人権

【事例2】

　B先生は、インターネットの使い方の授業で、実際に検索をしてみることにしました。そこで、その準備として、自分の名前を検索してみることにしました。

　すると、学生時代に、撮影禁止だった、アーティストのライブステージの写真を投稿してしまい、炎上した時のことがのった記事がたくさん検索結果として出てきました。

　B先生は、授業で自分の名前を検索させることはやめることにしましたが、なんとか記事が検索結果として表示されないようにすることはできないか、検索結果の削除か非表示の措置をとってもらうことはできないのかと考えるようになりました。

Q3　あなたは、検索エンジンを管理・運営する会社に、検索結果の削除か
　　　非表示の措置をとってもらえるようにするべきだと思いますか。その必
　　　要はないと思いますか。理由もあわせて考えてください。

結論：措置をとってもらうべき　　　　　その必要はない

理由：
（措置をとってもらうべき）
B先生個人の名前まで出す必要はない。
名誉を傷つけることになる。
個人情報に関するものだから。
インターネットに情報があがると、削除・非表示の措置をとってもらわないと、検索すればずっとその情報が表示されることになるから。
（その必要はない）
ネットに投稿したのはB先生自身なのであるから、自業自得である。
投稿されているのは嘘ではないので、名誉を傷つけることにはならない。
誰かが情報を流出させたわけではない。

第2章 教　　材

7　ワークシート（生徒用）

年　　組　　番　名前

【事例1】
　あなたは、A学校の新入生です。担任のB先生から、自分の氏名のほかに、住所、電話番号（自宅、保護者の携帯電話）、保護者のメールアドレス、保護者の氏名欄のある連絡票を渡され、翌日までに記入して提出するよう言われました。
　翌日、学校に連絡票を持っていくと、B先生が、「私が学生のころは、この連絡票に書いてある内容をそのまま表にして、全校生徒分が集められて冊子化され、名簿として配られていたなあ。緊急時の学校からの連絡も、予め電話連絡網がつくられ、先生が最初の何人かに電話をかけて、それぞれが次の何人かに電話をかけて、クラス全員に連絡していたなあ。」という話をしていました。
　いま、A学校では、提出した連絡票は学校が管理しており、連絡票に書いた内容が、全校生徒に知られるということはありません。また、緊急時の学校からの連絡は、外部の会社にお願いしてメールアドレスを使った連絡方法のシステムがつくられています。具体的には、特定のクラスや学年にだけ連絡することも、全校生徒に一斉に連絡をすることもできますし、メールを受け取った保護者がメールを確認したかどうかを学校側で把握することもできます。
（学級連絡網のイメージ）

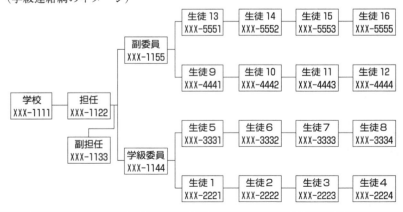

第11　新しい人権

Q1　これまでの学級連絡網は新しい連絡方法と比較して、どのようなメリットとデメリットがあるでしょうか。そして、このデメリットは、新しい連絡方法で改善されているでしょうか。

メリット	デメリット	改善点

Q2　現在のA学校における連絡方法は、B先生が中学生のころから変わってきています。その理由について考えてみましょう。

【事例2】
　B先生は、インターネットの使い方の授業で、実際に検索をしてみることにしました。そこで、その準備として、自分の名前を検索してみることにしました。
　すると、学生時代に、撮影禁止だった、アーティストのライブステージの写真を投稿してしまい、炎上した時のことがのった記事がたくさん検索結果として出てきました。
　B先生は、授業で自分の名前を検索させることはやめることにしましたが、なんとか記事が検索結果として表示されないようにすることはできないか、検索結果の削除か非表示の措置をとってもらうことはできないのかと考えるようになりました。

141

第2章 教　　材

Q3　あなたは、検索エンジンを管理・運営する会社に、検索結果の削除か非表示の措置をとってもらえるようにするべきだと思いますか。その必要はないと思いますか。理由もあわせて考えてください。

結論：措置をとってもらうべき　　　　その必要はない

理由：

第 11 新しい人権

忘れられる権利

　「忘れられる権利」は、インターネット検索サービスにおいて、ある人の住所と氏名を入力して検索すると、その人がかつて犯した罪に関する逮捕歴が結果として表示されることにつき、検索結果が表示されないように求めた事案において、その有無・内容が争点となりました。

　さいたま地方裁判所平成27年12月22日決定は、忘れられる権利を一内容とする人格権の存在を認めましたが、東京高等裁判所平成28年7月12日決定は、「忘れられる権利」は法律上の明文の根拠がなくその要件効果が明らかで無いとして否定しました。この件について、最高裁判所平成29年1月31日決定は、特に「忘れられる権利」には触れずに判断をしました。個人のプライバシーに属する事実をみだりに公表されない利益と、検索事業者自身による表現行為やその果たす役割との関係を検討し、検索事業者が、ある者に関する条件による検索の求めに応じ、その者のプライバシーに関する事実を含む記事等が掲載されたウェブサイトのURL等情報を検索結果の一部として提供する行為が、どのような場合に違法となるかの判断基準を示しました。判断基準としては、①当該事実の性質及び内容、②当該URL等情報が提供されることによってその者のプライバシーに属する事実が伝達される範囲とその者が被る具体的被害の程度、③その者の社会的地位や影響力、④上記記事等の目的や意義、⑤上記記事等が掲載された時の社会的状況とその後の変化、⑥上記記事等において当該事実を記載する必要性など、当該事実を公表されない法的利益と当該URL等情報を検索結果として提供する理由に関する諸事情を比較衡量して判断すべきとし、当該事実を公

第2章 教　　材

　表されない法的利益が優越することが明らかな場合には、検索事業者に対し、当該 URL 等情報を検索結果から削除することを求めることができるものと解するのが相当、としました。

　これらの裁判では、検索エンジンの公共的役割から削除すべきであるとの考えに対し、削除を認めると検索エンジンの中立性が損なわれ情報発信者の表現の自由や公衆の知る権利が著しく損なわれるとの考えの対立や、インターネットの情報は複写が容易にできるため削除の必要性が高いとの考えに対し、削除されなくても検索結果が表示されないようにする措置で権利救済が図られるとの考えの対立がみられました。

　この「忘れられる権利」は、インターネットの利用が普及し、以前は時の経過によって忘れられていたことが忘れられなくなり、「忘れられる」ことを権利として認める必要性が生じたことにより主張されるものです。権利の有無だけでなく、どのようなことを「忘れられる」よう求められるか等、今後も、議論がなされることが予想されます。

第12　交渉と紛争解決の方法

第12	交渉と紛争解決の方法

■テーマ
「交渉と紛争解決の方法」

■テーマの趣旨
　社会生活を営む中では、他者との間で紛争になることがあり、その場合の解決方法の一つとして、当事者同士で自主的に話し合う方法（交渉）がある。

　話し合い（交渉）において、当事者は、時として感情的になることがある。このようなときには、必ずしも満足する結果を得られるものではなく、むしろ事態を悪化させることすらある。

　話し合い（交渉）は、現在では、「交渉学」として研究の対象となっており、よりよい話し合いを実践し、よりよい成果を得るための指針が示されているところである。

　本授業では、交渉学において頻出する例題であるオレンジをめぐる姉妹の紛争を例として、社会生活において紛争に直面した場合にも、感情のみにとらわれず、合理的な思考により紛争を解決する力の基礎を作ることをねらいとしている。

　また、紛争解決の方法として、第三者が当事者同士の話し合いに関与する制度（調停）や当事者が合意できない場合に裁判所が紛争について一定の判断を行う制度（訴訟）についても概観する（関東弁護士会連合会編『わたしたちの社会と法──学ほう・法教育』関連頁83～89頁）。

145

第2章　教　　材

■学習指導案

1　授業名

「オレンジをめぐる紛争」

2　学習目標

　話し合いによって紛争を解決しようとする場合には、相手方の利害に焦点を合わせること、それを前提として、柔軟に解決のための選択肢を考え出すことなどが有益であることを理解し、合理的な思考により紛争を解決する力を養う。

　また、調停の制度を概観しつつ、関与する第三者として誰が適任者かを検討することで、合理的な思考力を養う。

3　評価の視点

a　交渉の相手方にも受け入れられる可能性がある提案を、様々な角度
　　から数多く挙げることができる。
b　状況により、提案の内容によって受け入れられる可能性に違いがあ
　　ることを理解できる。
c　交渉において、相手方の目的（利害）を把握することの重要性を理
　　解できる。
d　当事者のみで話し合いをする場合には、感情的になって紛争解決が
　　困難になりうることや、不公平な結果になりうることを理解できる。
e　話し合いに関与する第三者を選ぶ場合には、公平性の確保、当事者
　　の満足・納得が重要であることを理解できる。

第12　交渉と紛争解決の方法

4　授業計画【50分】

時間	学習内容・学習活動	指導上の留意点	評価
導入 3分	○話し合いによる紛争解決 社会生活においては、いろいろな争いごとがあり、その解決方法として当事者同士が話し合う方法（交渉）があります。今日は、この話し合う方法（交渉）について学びます。 ・ワークシートの事例を読み、A子とB子の争いごとの状況を把握する。	・争いごとの例として、姉妹によるオレンジの取り合いという身近なできごとを挙げる。	
展開1 10分	○争いごとの解決策 争いごとの解決策をできるだけ多く考えてみましょう。 ・Q1をグループごとに検討してワークシートに記入し、発表する。	・できるだけ多様な意見が出るよう、自分たちの経験などをもとに考えさせる。	a
展開2 11分	○状況に応じた解決策 A子から出された提案①と②のどちらが受け入れやすいかをB子の状況に応じて考えましょう。 「提案①　次の機会には必ずB子にオレンジをあげるから、今回は私がオレンジをもらう。」 「提案②　今すぐにB子に別のおやつをあげるから、このオレンジは私がもらう。」 ・Q2をグループごとに検討してワークシートに記入し、発表する。	・提案①と②をカードにして提示する。 ・解答ごとに理由を説明させ、思考過程を詳細に説明するよう促す。 ・提案①の「次の機会」の意味が不明確であり、B子には受け入れられない可能性があり、Q2(3)については明確に判断しがたいことを指摘する。	b

147

	仲介役の母親が2人のオレンジが欲しい理由を聞き出すことによって、どのような解決方法が考えられるでしょうか。 ・Q3を考え、「オレンジが欲しい」という主張の理由（利害）に着目することで、当事者にとってより良い解決策にたどり着くことができることを理解する。		c
展開3 5分	○第三者が関与する話し合い 本人同士で話し合う場合に、どんな点に注意をすべきでしょうか。 ・Q4を考えることで、話し合う際には、利害に焦点を合わせることや多種多様な解決方法を考え出すことなどが有益であることを理解する。	・Q1～3との関連性を意識して説明する。	a b c
展開4 5分	○争いごとの当事者同士の話し合いの利点と欠点 争っている本人たちだけで話し合いをすることには、どんな利点と欠点があるでしょうか。 ・Q5を考え、その欠点をなくすために、第三者が間に入って話し合う方法があることを理解する。	・当事者同士の話し合いと公平な第三者が関与した場合とを比較しながら考えさせる。	d
展開5 13分	○ふさわしい仲介者とその条件 争いごとによって、どのような人が仲介者となることが適切だろうか。そして、仲介者としてふさわしい人の条件は何でしょうか。 ・Q6とQ7をグループごとに検討してワークシートに記入し、グループごとに理由とともに発表する。	・Q6では、争いごとの内容によって仲介者が異なること、Q7では仲介者としての共通した条件を考えさせる。	e

ま と め 3 分	○交渉と紛争解決 ・交渉では、感情のみにとらわれず、合理的な思考により紛争を解決することが重要であること、紛争の解決には、当事者だけで話し合うだけでなく、第三者が仲裁する方法があること、それでも解決しない場合には訴訟という手続きもあることを理解する。		

5　授業のポイント

(1)　交渉学において、よりよい交渉のための指針として、「①人と問題を切り離す」「②立場ではなく利害に焦点を合わせる」「③双方にとって有利な選択肢を考え出す」「④客観的な基準を強調する」「⑤最善の代替案を用意する」「⑥確約（コミットメント）の仕方を工夫する」「⑦良い伝え方（コミュニケーション）を工夫する」の7つが挙げられることがある。このうち、「③双方にとって有利な選択肢を考え出す」については、可能性のある多くの解決策を考え出す過程（ブレインストーミング）と、それらの中から取捨選択する過程とを分離するのが有益である。Q1では、本事例において、多くの解決策を考え出す過程（ブレインストーミング）を実践させるものである。

　また、交渉では、自分も含めた当事者において、交渉によって得ようとする本来の目的（利害）に着目することが重要であり（②立場ではなく利害に焦点を合わせる）、Q2では、当事者の状況によって利害が異なり、提案が受け入れられる可能性に差が出る。

　本事例で、「オレンジが欲しい」という主張の理由は、「オレンジの中身を食べたい」だけではなく、「オレンジの皮でお菓子を作りたい」ということもありうるもので、これを当事者が把握することで、当事者にとってより良い解決策にたどり着くことができる（Q3）。

(2)　第三者が当事者の間に入って話し合う方法のうち、公的なものとして広く知られているのは裁判所の調停であるが、労使間の紛争について都道府

第2章　教　　材

県労働局で斡旋をする制度や建築工事をめぐる紛争について建築工事紛争審
査会が斡旋をする制度などもある。

　(3)　第三者が仲介する話し合いは、当事者にとって納得のいく解決をめざ
すものであるから、仲介する第三者の選定自体が、当事者にとって納得の得
られるものでなければならない。そこで、仲介する第三者の選定自体が、紛
争解決のために重要である（Q6・Q7）。

　(4)　すべての紛争の解決に、当事者の合意がなければならないとすると、
当事者の意見が折り合わない場合には、紛争がいつまでも続くこととなる。
このようなことは、当事者にとって酷な結果ともなるし、社会が混乱する事
態にもなる。

　この点、法律に基づき、強制力のある判断を出す制度として訴訟がある
（Q8）。例えば、損害の賠償（支払い）をしようとしない交通事故の加害者
に対し、被害者が、賠償を求めて裁判所に訴訟を提起し、損害賠償請求権
（権利）の有無やその額について、裁判所で審理する。そして、判決におい
て、加害者に賠償をするよう命じられたにも関わらず、加害者が支払わない
場合には、被害者は、その判決を根拠として、加害者の財産から強制的に賠
償を受けられることになる。

150

第12 交渉と紛争解決の方法

6 ワークシート（教員用）

年　　組　　番　名前

【事例】

　ある姉妹（A子、B子）が、家の冷蔵庫にある、1つのオレンジについて言い争いをしています。

B子（妹）「ねえ。この前、お姉ちゃんは1つしかなかったリンゴをもらったよね。だからこのオレンジは私がもらうね。」

A子（姉）「ちょっと待ってよ。確かにこの前、1つしかなかったリンゴでアップルパイを作ったのは私だけど、B子にも、できたアップルパイを半分あげたでしょう。私だって、そのオレンジが欲しいわ。」

B子「でも、私だって自分でアップルパイを作りたかったもん。お姉ちゃんずるい！（泣）。」

Q1　あなたがA子だった場合、どのように解決しますか。あるいは、B子にどんな提案をしますか（複数回答）。

> ・あきらめる（全部B子にあげる）。
> ・反論して全部もらうことを目指す。
> ・じゃんけんやくじで決める。
> ・半分ずつにしようと提案する。
> ・次回、オレンジをあげると約束して今回はもらうと提案する（Q2提案①）。
> ・次回、オレンジをもらうと約束して今回はあきらめる。
> ・ほかの食べ物をあげて、オレンジはもらう（Q2提案②）。
> ・ほかの食べ物をもらって、オレンジはあげる。

Q2　次の各状況だった場合、A子から出された提案①と提案②は、B子にとって、どちらの方が受け入れやすいでしょうか。

　(1)　A子が持っている別のおやつが、B子の好物だった場合

提案①　提案②

　(2)　B子が空腹だった場合　　　　　　　　　　提案①　提案②

151

第2章　教　　材

(3)　B子の好物がオレンジだった場合　　　　　　　　　　提案①　提案②

Q3　姉妹の母親が仲裁に入り、それぞれから話を聞いたところ、A子はオ
　　　レンジを食べたいことが、B子はオレンジの皮でお菓子を作りたいこと
　　　が分かりました。どのような解決方法によるべきですか。

A子がオレンジの中身を、B子がオレンジの皮をもらう。

Q4　上記を踏まえた場合、本人どうしで話し合う場合には、どのような
　　　点に注意をするべきですか。

・相手と自分の利害（動機）をよく踏まえる、なぜそうしたいのか動機
　を聞く。
・勝手にきめつけない。
・動機となる要求を満たすような提案をする。
・そのための方法として、多種の選択肢を考え出す。

Q5　争っている本人たちだけで話し合いをすることにはどんな利点と欠
　　　点がありますか。

利点：秘密が外部に漏れない、第三者を巻き込まなくて済む、状況に
　　　よっては早く解決することがある。
欠点：当事者が感情的になる、力の強い方が有利など公平性が欠けるお
　　　それがある。

Q6　下記の争いは、誰に間に入ってもらうのがよいでしょうか。
　　(1)　休み時間の校庭の使い方についての生徒どうしの争い　　学校の先生
　　(2)　隣家どうしの境界に関する争い　　　　　　　　　　裁判所、法務局
　　(3)　交通事故の被害弁償に関する争い　　　　　　　　　　　裁判所

Q7　争いごとについて本人たちの間に入って話し合いを進める人は、ど

152

第 12　交渉と紛争解決の方法

んな人がよいでしょうか。

> 双方にとって公平中立な人。
> 紛争の背景やとりうる手段について知識がある人。

Q 8　発展問題

　Q 6(3)について、本人どうしの話し合いで解決しない場合、どのように紛争を解決しますか。

第2章　教　　材

7　ワークシート（生徒用）

年　　　組　　　番　名前

【事例】

　ある姉妹（A子、B子）が、家の冷蔵庫にある、1つのオレンジについて言い争いをしています。

B子（妹）「ねえ。この前、お姉ちゃんは1つしかなかったリンゴをもらったよね。だからこのオレンジは私がもらうね。」

A子（姉）「ちょっと待ってよ。確かにこの前、1つしかなかったリンゴでアップルパイを作ったのは私だけど、B子にも、できたアップルパイを半分あげたでしょう。私だって、そのオレンジが欲しいわ。」

B子「でも、私だって自分でアップルパイを作りたかったもん。お姉ちゃんずるい！（泣）。」

Q1　あなたがA子だった場合、どのように解決しますか。あるいは、B子にどんな提案をしますか（複数回答）。

```



```

Q2　次の各状況だった場合、A子から出された提案①と提案②は、B子にとって、どちらの方が受け入れやすいでしょうか。

(1)　A子が持っている別のおやつが、B子の好物だった場合

提案①　提案②

(2)　B子が空腹だった場合　　　　　　　　　　提案①　提案②

(3)　B子の好物がオレンジだった場合　　　　　提案①　提案②

Q3　姉妹の母親が仲裁に入り、それぞれから話を聞いたところ、A子はオレンジを食べたいことが、B子はオレンジの皮でお菓子を作りたいこと

第12　交渉と紛争解決の方法

が分かりました。どのような解決方法によるべきですか。

Q4　上記を踏まえた場合、本人どうしで話し合う場合には、どのような
　　点に注意をするべきですか。

Q5　争っている本人たちだけで話し合いをすることにはどんな利点と欠
　　点がありますか。

Q6　下記の争いは、誰に間に入ってもらうのがよいでしょうか。
　　(1)　休み時間の校庭の使い方についての生徒どうしの争い　　＿＿＿＿＿＿
　　(2)　隣家どうしの境界に関する争い　　＿＿＿＿＿＿
　　(3)　交通事故の被害弁償に関する争い　　＿＿＿＿＿＿

Q7　争いごとについて本人たちの間に入って話し合いを進める人は、ど
　　んな人がよいでしょうか。

155

第2章 教　　材

Q 8　発展問題
　　Q 6⑶について、本人どうしの話し合いで解決しない場合、どのように紛争を解決しますか。

第 **3** 章

充実した議論を行うために
――法教育の技能とは

第1　法教育で求められる技能

　人は単なる社会のパーツではない。誰かの意思で役割を演じるのではなく、自分から「良き市民」として社会を形作ることに参加して、社会にとってなくてはならない欠くことのできないものとして活躍していくことが必要である。

　私たち関東弁護士会連合会法教育センターでは、良き市民であるために必要と思われる法の背後にある価値や、法によって形作られている制度といったものの「知識」について説明してきた（関東弁護士会連合会編『わたしたちの社会と法——学ぼう・法教育』（商事法務、2016 年））。

　「良き市民」になるためには、「知識」を得ることは大切なことである。しかし、それだけではまだ足りないと考えている。

　得た知識を基に、実際に私たちの周りや社会に生じるいろいろな問題を解決し、また、他の人たちとの意見や考え方の違いを調整していく能力・技能がなければならないと考える。

　社会というものは内部に意見の多くの異なる人々を抱えるものである。これは人々がみな自らの幸せのために行動するものである以上やむを得ないことである。であるから、社会でより良く生きていくためには、これら多くの意見を何らかの形で調整する「技能」が必要になってくるのである。

　なぜなら、そのような技能を持たなければ、問題の解決については声の大きい者の、また、力の強い者の意見だけが通ることになってしまい、不公正で混乱した社会になってしまう。これではどれだけ良い知識を得たとしても社会に生かされることはなく無駄になってしまう。

　また、その調整の方法は平和的で理性的なものでなければならない。さらに、調整が平和的かつ理性的であるのであれば、そこには、暴力や服従といったものはかかわってこない以上、議論が説得的な理由や正しい事実に基づいて行われる必要がある。

　本章では、主にこうした議論に必要な「技能」について述べる。

159

第3章　充実した議論を行うために──法教育の技能とは

　私たちは法教育の見地から人が獲得する必要がある「技能」の内容は以下のようなものであると考えている。

　少し難しい表現になるが、

　「情報を集めて吟味し、それを基にして状況を分析し、批判的かつ建設的な意見を構築し、他者と対話しながら問題解決のために協同し、社会参加できる技能」

というものである。

　問題に直面した時に、前提事実等を調査して、それを基に思考して自分の意見を持ち、さらに自分の意見だけではなく他の人の意見の存在も認めた上で、対話（議論）しながらより良い結論に向けて共同作業していく技能といってもよい。

　以下では、この「技能」の具体的な中身として、

①　思考方法：意見を述べたり、他人と議論をしたりするに際して、どのような思考方法をすることによって、かみ合った意見や議論になるか

②　根拠の準備：意見を述べたり、他人と議論したりするための根拠の調査方法や調査した事実の評価方法

③　「理由付け」の探索：事実と意見・主張を結びつける理由付けの種類や、その理由付けを吟味すること

④　議論の方法：議論の方法として、根拠（事実）・理由と主張との区別や、主張自体は攻撃しないこと、争点の理解等が重要であること

⑤　主張と反論の方法：無駄な言い合いに陥ることなく、結論を出すのに必要な議論が集中的になされる主張と反論の方法

をそれぞれ説明していく。

　これらの説明を最後まで読んでいただければ、「議論」が上手になっていると思われる。

第2 思考方法

　社会に生じる問題について、少なくとも自身にかかわるものについては意見や主張を持つ必要がある。年を重ねたり、興味があったりすれば自分にかかわりないような問題についても意見を持つようになる。

　例えば、最初はおこづかいの額や値上げ、兄弟間のおやつの分け方について考え、次第に、貧困の解消や税金の使い道についてといった社会全体の問題に向かうというようになっていくのである。

　意見や主張がなければ社会にある物事を決定するプロセスに自ら参加することができない。それどころか何も意見を持たなければ選挙でだれを選んでよいかもわからず、単に人任せ、それも白紙委任をすることになってしまう。それでは社会の一員として自身が属する社会を良くするための行動をとっているとはいえない。

　しかし、振り返って考えると私たちはいろいろな問題について最初からしっかりした意見を持っているというわけではない。それではあまり考えていなかった新たな問題や論争的な課題について、いったいどのように考えることで自分の意見を持てばよいのか。

　なかには、結論なんて頭にそのまま浮かんでくるという人もいるかもしれない。そして、その結論は結果として良い結論なのかもしれない。しかし、そのように得られた結論や主張の弱点は、なぜそのような結論に至ったか、なぜ、その結論が正しいのかということを他の人に説明することができないことである。

　社会にはいろいろな意見を持った人々が集まっているのであるから、しっかりと他の人々に説明できなければ、その意見に賛同を得ることもできず、ただの「一つの意見」になってしまう。

　多くの人を説得してその社会内での合意を取り付けることができることで初めてその意見は機能するようになるのである。

　であるから、問題に対する結論や主張をするための考え方というのは、す

第3章　充実した議論を行うために——法教育の技能とは

なわち、その結論や主張が得られた過程（論理）を説得的に他に説明できる
ようなものである必要があるのである。

　こうした議論の技法としては法的三段論法やディベートの方法論としての
三角ロジックという方法等がある。興味を持った方はこうしたやり方につい
て調べてみるとよいかもしれない。

　本章では法律家が日常的に用いている三角ロジックや法的三段論法といっ
た議論や考え方のエッセンスの紹介をしようと思う。

　まず、何らかの主張（結論）を述べるときには、それについての根拠とな
る事実とその事実から主張を導くような理由付けの三つを意識して考えるよ
うにする。

　図にすれば、主張（結論）、根拠、理由付けの三角形をそれぞれ埋めなが
ら考えられる。

　例えば、「昨夜雨が降った」という主張があったとする、ただ、この主張
を伝えるというだけであればこれだけでよいのかもしれない。でも、この主
張が本当かどうかが問題となった場合（例えばアリバイ立証に必要な場合）に
は、ただ相手に「雨が降った」というだけでは足りない。相手が「雨は降ら
なかった」と言ってきたら単なる言い合いであって説得のしようもない。こ
の場合には、例えば、「朝地面が濡れていた」という事実と「雨が降れば地
面が濡れる」という理由付けをそれぞれ挙げるのである。

　「朝に地面が濡れていた」という事実と、「雨が降れば地面が濡れる」とい
う二つのことが合わされば「昨夜雨が降った」という結論を導くことができ
るのである。

　このようなモデルに沿って結論を導いておくと、その結論自体も慎重に、
そして論理的に正しく得られることになるが、さらに良いのは、相手との議
論をする場合に便利だということである。この例では、雨は降らなかったと
いう人に対して降ったという主張だけでなく、その根拠と理由を説明するこ
とができる。

　日常の会話では、こうした根拠や理由については省略してしまうことが多
いと思う。だがこれを意識するようにすれば、いつでもその主張を相手に説

162

明することが可能になる。

議論は、異なる結論・主張を持つ人同士が互いに相手の結論・主張にある問題点や自分の考えの有利な点を主張することで行われる。その際に、主張するポイント（議論の中では「争点」と呼ばれる）をはっきりさせることができる。

例えば、先ほどの昨日雨が降ったかどうかの議論では、雨は降らなかったと主張する人は雨が降ったとの主張について「道路は濡れていなかった」と反論して「道路が濡れていた」という事実を争うかもしれないし、「雨が降れば地面が濡れる」という理由付けについて、「近所の人が打ち水をしても道路は濡れる」と言ってくるかもしれない。

どこを争うのかはっきりしておかないと互いに攻め、守る場所が食い違うことになり、いわゆる「議論がかみ合わない」という状況が生まれる。

例えば、上の議論で、雨が降ったといっている人が相手の「近所の人が打ち水をしたので濡れていたんだ」という主張について「地面は濡れていた」と反論するような状況である。

これでは議論は進まない。ただの言い合いである。双方が相手が何を主張し、争っているかを理解しなければ「議論」としては進んでいかないのである。この例では道路が濡れる理由は雨だといえるかどうかという理由付けが争いになっているのだから、この点について議論した上で（打ち水でも道路が濡れるということには同意するほかないであろう）打ち水をしたという事実があったかどうかという点に議論が移っていくことになるはずである。

論理を大切にする法律家は上で紹介したような考え方をして充実した議論を進める訓練を受けている。きちんと議論をできなければ相手を説得することはできないし、裁判を起こしてもいつまでも結論にたどり着くことができなくなってしまう。

法律家の場合、理由付けとなる法律に事実を当てはめ、そして結論を導くのである。「理由付け」として法を用いる推論の方法を特に「法的三段論法」という。

例えば、刑法 199 条では「人を殺した者は、死刑又は無期若しくは 5 年以

第3章　充実した議論を行うために──法教育の技能とは

上の懲役に処する。」とされている。そこで被告人が人を殺したという事実があれば（認定できれば）、刑法199条を適用し、そこに書いてある刑の範囲内で被告人に懲役刑や死刑にするという結論を得るのである。

　これに対し、無罪を主張するのであれば、人を殺したという事実自体を争うということがあり、これに対して検察官は被告人が殺したことの主張とともにそれを根拠付ける証拠を出し、弁護側はその証拠の証明力を争う。

　また、人を殺したことは認めた上で、正当防衛であったので無罪であるという主張をすることもある。この場合には正当防衛（刑法36条1項）となるような事実があったかどうかについて主張立証がなされることになる。こうして議論の対象が集中し、かみ合うことでより早くより正確に必要な判断（判決）に至ることができるのである。

第3　根拠の準備

| 第3 | 根拠の準備 |

　思考方法で述べた通り主張・結論を導き出すには根拠となる事実が必要である。

　思考するにあたっては、事実と理由付けで結論を導く形をとるのであるから、この「事実」が真実に反していたら、そこから導き出される主張・結論も誤ったものになってしまう可能性が高くなる。

　そして、議論をして人を説得しようというときに、自らの主張・結論の基となった根拠が間違っているのであれば、相手からは容易に反論されることになってしまう。

　また、自分の主張に適合するような根拠は多ければそれだけ自己の主張をより強く基礎付けることにつながる。

　そのため、根拠としての事実については正確なものをより多く集めることが必要になってくる。

　では、どうやって事実を集めればよいのか。

1　調　査

　正確な、そしてより多くの根拠を得るためには十分に深く、幅広い調査を行うことが必要となる。

⑴　文献等の調査

　情報源としては昔からあるものとして新聞、書籍といったものがある。

　そして近年はインターネット等を利用した調査についてもその手軽さや情報量の豊富さからよく利用される。

　ただし、こうした文献等による調査によってもその情報が100％信用できるというものではない。特にインターネット上の情報については内容の正しさについてよく吟味することが必要となっている。

165

第3章　充実した議論を行うために——法教育の技能とは

(2) インタビューや現地調査

人の持つ情報であれば直接会ってインタビューすることで事実を得ることができる。また、文献化されていない情報については現地を見る、現物を見るといった方法で事実を得ていくことが必要となってくる。

2　事実の評価

調査によって事実を得ることができたとしても、そのすべてが直ちに主張の根拠として使えるものではない。

どんなに慎重に調査をしたとしても、すべて自ら直接体験したものではないのであるから、その事実が必ずしも「正しい」とは限らない（もちろん、自ら直接体験したとしてもそれを相手にどう理解してもらうかは難しい問題である）。

情報というものは誤っていることがあるということを常に意識しつつ、調査の結果得られた情報の信用性を正しく評価することが必要となってくるのである。

情報の信用性を評価する際には、以下の視点を持って行うとやりやすいであろう。

(1) 情報源（記名の有無）

情報を出している人が自らの名前を明らかにしているかどうかは信用性にかかわる要素である。匿名である場合、虚偽の情報を発しても責任を追及されにくいことから、その発言は無責任になりがちである。

誤った情報を流せば後に非難の対象となるため、名前を明らかにしている情報についてはより信用性が高いことになる。

(2) 媒体の種類

新聞や書籍といった伝統的な媒体に記載された情報と、匿名性が重視されるインターネット上の情報では前者の方がより信用性が高いといわれている。ただ、書籍等についても玉石混交であることには注意が必要である。

166

第3　根拠の準備

⑶　同内容の情報の存在

　一つの情報源だけでなく、同内容の情報が複数の発信源から出ていればより信用性が高いといえる。

　ただ、インターネット上では同じ情報源のものが転載されているに過ぎない場合もあるので複数の情報と評価できるかどうか慎重に判断する必要がある。

⑷　情報の新鮮さ

　その情報がいつの情報であるかについても見てみる必要がある。より新鮮な情報の方が信用性は高いといえるであろう。もちろん古い情報であっても更新が繰り返されている場合もあるので、その点はよく確認することが必要である。

第3章　充実した議論を行うために——法教育の技能とは

| 第4 | 「理由付け」の探索 |

　理由付けについては思考方法のところで述べた通り、事実と主張を結びつける役割となる。

　これにはいろいろな種類がある。

　例えば、水が高いところから低いところに流れるという「物理法則」、雨が降れば地面が濡れるといった人の経験から導き出された法則である「経験則」、人を殺せば死刑無期または懲役になるという「法律」、さらには個人の尊厳は守られなければならないといった「法の背後にある基本的価値」もこの「理由」になる。

　「事実」のところで事実は正しいものである必要があるということに触れたが、「理由付け」についても正しいものである必要がある。

　水が低いところから高いところに流れることを理由にして主張を組み立てたとする。この理由付けは実際の物理法則に反することになる。そうすると、それにより導かれる主張・結論も間違ったものと評価され、人を納得させることは難しくなる。

　であるから、理由についてもその正しさを十分に吟味する必要がある。

　理由についてもいろいろな方法で調査をすることが必要となる。例えば、法律であれば、公布されている法律について書籍やインターネットで調べることができる。

　物理法則といった科学的なものについても簡単なものから複雑なものまであるが、教科書や論文まで多くの方法で調査が可能であろう。難しいものになればなるほどそれをどのように議論の相手に理解してもらうかが課題となってくるであろう。

　経験則となるとさらに難しくなってくる。これにも様々なものがあり、皆が知っていて誰もがうなずくようなものから必ずしも皆が同意するとは限ら

168

第4 「理由付け」の探索

ないものといったものまで様々である。

　経験に基づくものなので、経験したことがない人には実感できないかもしれない。また、多くのデータに基づくものではないために不正確なものもあり得る。

　経験則については日々の生活の中で多くのことを見て感じて考えることで多くを身につけることができることになる。

　理由付けのうち、法については実際に制定され、施行されているのであれば常に正しい理由となるようにも見える。だが、法もある時代におけるルールに過ぎない以上、社会の成熟や時代背景の変化によってその法が必要とされた背景事情がなくなってしまっていてすでに「正しさ」を失っている可能性がある。そのような場合には「理由付け」としては説得力を欠くことになってしまう場合もありうることに注意が必要である。

第3章　充実した議論を行うために──法教育の技能とは

第5	議論の方法

　すでに述べた思考方法により、根拠、理由を基に主張・結論を導き出すことができたとしても、その過程を経ればその主張が絶対的に正しいというものではない。

　他の人は他の根拠、他の理由によって異なる主張を持つに至っているかもしれないのである。

　そうすると、一つの問題について異なる主張があって何らかの結論を出す必要がある場合（一つの行動を選択する必要がある場合、例えば、今あるお金を何に使うか）にはいずれかの主張を選ぶ必要がある。

　民主主義の下ではその主張の選択の方法として、力が強い者の意見や声が大きい者が勝つといった方法は適当とはいえない。

　やはり、議論によって主張を選択することが必要となってくる。

　それでは議論はどのようにすればいいのであろうか。

　議論を進めるにあたっては以下の点に注意することが必要となる。

(1)　根拠（事実）、理由と主張の区別

　自分の主張だけでなく、相手の主張についても主張と根拠（事実）、理由付けが何であるかを区別した上で理解することが必要となる。

　自分の主張については上で述べた思考方法をとればこれらの区別をすることは簡単だと思われる。だが、それだけではなくて、相手の主張についても根拠が理由付けを知ることが必要なのである。これから議論をしていくにあたって、争点を確認するには相手の主張も正確に把握しておくことが必要である。

　この区別をして理解することで、相手の主張のどこに弱みがあるかを理解することができ、どこを争点とし、効果的な反論をするかといったことを検討することができるのである。

第5 議論の方法

(2) 主張自体は攻撃しない

　相手の主張は自分の主張と異なっているのであるから、相手の主張自体も「それは違う！」と言いたくなるかもしれない。だが、主張それ自体は単なる結論なので、これを攻撃しても意味はない。結論についての言い合いは何も生み出さないのである。幼い兄弟がお菓子を取り合って「ぼくのだ！」「ぼくの！」と言い合っている姿を想像してもらえばわかると思う。

　議論をするのであれば、相手の結論は結論として受け入れる必要がある。ここで「受け入れる」というのは認めてしまうというのとは違う。認めてしまったら意見が一緒ということであるから議論の必要はない。ここで「受け入れる」というのは、相手がそういった結論を主張しているということを認めるというだけのことなのである。

　結論がおかしいと思っても、議論での攻撃対象は、結論それ自体ではなく、結論を導いた理由や根拠となった事実なのである。

(3) 争点（論争や対立）の理解

　相手の理由や根拠となった事実について反論をしていくことで、当該問題についての結論が互いに異なることになった理由が明らかになってくる。

　この相違する点のことを「争点」という。

　争点を把握し、当事者間で共有することは、充実した議論をする上でとても重要なことになる。

　争点がはっきりしないままに議論をすると、議論（発言）での攻撃対象が移動し続けたり（Aについて議論していて反論したのにすぐBの話に移ってしまう等）、噛み合わない議論（Aについて主張したのにBについての反論がされる等）になってしまう。

　主張（結論）合わないことについては、それとして受け入れるのだから、議論をする上では何の問題もない。議論するのであれば、当該問題について当事者の主張の争点について意見を戦わせる必要がある。

　そして、争点がどこになるかについても当事者は互いに合意することが必要ある。争点がどこかについて合意できなければ議論はかみ合わないからで

171

第３章　充実した議論を行うために──法教育の技能とは

ある。

　争点について合意ができさえすれば、互いに一つずつ議論を重ねていけば
よいのである。

第6　主張と反論の方法

第6	主張と反論の方法

1　主　　張

　主張をするにあたっては自分の主張（結論）の根拠となる事実と理由付け
のそれぞれを明らかにして説明することになる。

　ときどき、結論だけを言いっ放し、どうだとばかりに相手をにらみつける
という場面を見ることがある。だが、これでは自分の結論に賛同者を集める
ことはできない。それで賛同者が出るとしたら、議論の結果ではなく、その
人との人間関係とか、利害といった別の理由であろう。

　相手が主張はしても事実も理由付けも明らかにしないのであれば、一言
「なぜそうなるんですか」と聞けばよいのである。そうすれば結論だけでな
く、その理由についても説明をせざるを得なくなるであろう。

2　反　　論

　相手の主張の事実と理由が明らかとなった場面での反論する人の対応とし
ては以下のものが考えられる。

⑴　相手の述べる事実を否定する。

⑵　相手の述べる理由を否定する。

⑶　相手の述べる事実と理由を認めた上で他の事実と理由を主張する。

⑴　相手の述べる事実を否定する

　相手の根拠としている事実が真実でなければ相手の主張の正しさは揺ら
ぐ。

　そこで、相手の述べる事実が正しくないことを主張することは反論方法の
一つである。

　例えば、地面が濡れているから昨夜雨が降ったという主張であれば、地面
は濡れていないという相手の主張する事実（地面が濡れている）を否定する

173

第3章　充実した議論を行うために──法教育の技能とは

ことが考えられる。

　事実の否定であれば次に必要となるのは事実を確認する方法である。写真や動画、証人といった方法が必要となってくる。

　こうした証拠によって事実がどうだったかを確認することで議論に結論が出ることになるであろう。

(2)　相手の述べる理由を否定する

　相手の根拠とする事実が正しいとしても理由が間違っていれば結論は間違える可能性がある。

　例えば、Aさんはかっこいいという結論を足が長い人はかっこいいという理由付けでAさんは足が長いという事実に基づいて主張したとする。

　これに対しては理由付けに対して「足が長くてもかっこいいとは言えない人もいる」と攻撃することで結論を否定することができる。

　この理由についての反論については事実と理由をつけて主張することが必要になる。つまり、理由付けが争点になっているのであれば、それぞれの理由付け自体が「主張」になるのであるから、さらにその主張について事実と理由付けをつけて主張することになるのである。

　この例では争点は「足が長いとかっこいいといえるかどうか」ということになる。

　そうすると、双方がそれぞれの立場でこの理由付けの正しさを事実を挙げて理由をつけて説明することになるのである。

(3)　相手の述べる事実と理由を認めた上で他の事実や理由を主張する

　相手の根拠とする事実と理由が正しくても、他の事実と理由からすると異なる結論になる場合がある。

　例えば、地面が濡れていたから昨夜雨が降ったという主張があったとする。これに対しては地面が濡れていたという事実も雨が降れば地面が濡れるという経験則に基づく理由付けも正しいと認めた上で異なる結論を導くことも可能なのである。地面が濡れていたし、雨が降れば地面も濡れるけど、今

第6　主張と反論の方法

地面が濡れたのは隣の家の人が打ち水をしたからで、昨夜雨は降っていないという結論を導くことも可能なのである。

　これは相手の理由付けと両立する理由付けなので、相手の事実も理由付けも認めた上で異なる結論を導くことができるのである。

　このように相手の事実と理由を認めたとしても他の事実や理由を述べることで相手の主張に対する反論をすることもできるのである。

　この場合には反論としての主張の基礎となる事実や理由付けが正しいかどうかについてさらに相手方からの反論が出ることになるであろう。

　こうして主張の根拠となった事実と理由について反論をし、その反論の根拠となる事実と理由についてさらに反論することを繰り返していく中で、どこかで相手の主張と合意できるところ（事実や理由、またはその双方）が出てくる。合意できた点についてはもはや議論をする必要はない。なぜなら双方が合意しているのであるからである。そうやって合意できる点を探していくことで、どうしても合意できない対立点がどこであるかが明らかになってくるのである。

　その結果、議論はその争点を中心になされることになり、最終的な結論を出すにはその争点についてどういった立場をとるかを決めれば主張についての結論が出せると段階がやってくるのである。

　裁判であれば、裁判官は争点について証拠に基づいて判断をする。コミュニティーでの話し合いであれば議論の結果メンバーによる多数決になるかもしれない。

　このような議論をすることで両者の主張はそのもととなる事実や理由付けのどこに違いがあり、その違いが結論にどう結びつくかが論理的に明らかとなる。そして、複雑なものをたくさん含んだ主張自体ではなく、より単純化された争点についての判断をすることによって論理的に結論が導かれることになるのである。

　このような議論の方法はとても合理的である。無駄な言い合いに陥ることなく、結論を出すのに必要な議論が集中的になされることになる。

　裁判においてもこうした議論の方法がとられている。裁判では限られた資

175

第3章　充実した議論を行うために──法教育の技能とは

源（裁判所の数、裁判官その他職員の数）の中でとてもたくさんの事件について真実に即した結論を出すことが求められる。

　そのため、議論が散漫にならないように上記のような議論の方法、すなわち双方の主張を戦わせて争点を明らかにしていき、争点についてのみ裁判所が証拠に基づいて判断するという方法をとることによって無駄のない、そしてより正確な判断を行っているのである。

第7 まとめ

第7	ま と め

　ここまで法教育において必要とされる技能についてみてきた。

　こうした技能のそれぞれ（情報収集、議論等）についてはこれまでも各科目の中で教えられてきているかもしれない。

　しかし、私たち法律家が用いている議論の技術のエッセンスを用いることでみなさんの意思決定や議論による方針決定はより充実したものになっていくと思われる。

　ここに書かれた全てのことをすぐにできるようになるのは難しいだろう。初めは簡単な方法でよい。人が何か意見を述べたら「どうして？」と問うことから始めよう。そこから根拠となる事実と理由が必要であることを理解し、それを意識して意見を持ち、それを意識して人に伝え、それを意識して人と対話するようになれば、次第に技能は身についていくのだと思われる。

　日本人は論理ではなく、その人の信用や人柄を根拠に意見に賛同するよう求めることが多いように思う。狭い範囲のコミュニティーで他との交流がない中で議論をするのであれば、相手の人となりを十分に理解しているのであるからそれで足りるかもしれない。しかし、今日の環境では互いを知らない者同士で議論をすることを避けることはできない。

　そうであれば、自身の意見の根拠となる事実と理由を意識して明らかにし、知らない人も説得できる議論をする技能を身につけることが必要なのである。

あとがき

　本書を読んでみて、法教育に対する印象は変わられただろうか。法教育を明日にでも実践したいという先生方に向けて本書は作られたものである。

　学習指導要領において法教育の視点を取り入れることになって何年も経過するものの、学校現場で法教育の授業を行うことの難しさを口にする教員は少なくない。その理由は様々なものがあると思うが、突き詰めて考えると、依然として学校現場において「法」という考え方が身近なものになっていないことがあげられる。アクティブラーニングの普及により、話し合い活動や参加型学習などの学習が多く行われてくるようになったが、内容として「法」を取り扱うことの難しさが低減したわけではない。教員の苦手意識をどのように変えることができるかが、本書の作成をスタートするきっかけになっている。

　本書を作成した関東弁護士会連合会法教育センター（以下、「法教育センター」と称す）は、2013年に設立された組織であり、法教育に関心をもつ弁護士によって運営されている。法教育センターでは月1回、所属弁護士・顧問による会議を開き、法教育研究や担い手の育成、教材開発、情報発信を行っている。2016年、法教育センターは、法教育に関わる基本的価値や概念、法教育の意義や学習のあり方などを解説した『わたしたちの社会と法——学ぼう・法教育』（商事法務）を発刊した。本書は同書の姉妹本にあたり、学校における法教育教材集として出版するものである。

　本書は法教育センター所属の弁護士が、教材の選定をし、実際の学校現場に出向き、弁護士が授業を実施した上で、作成されたものである。教材作りでは、定例の月1回の会議以外に、別途、教材作成チームごとに打ち合わせなどを行った。また、夏には合宿も行い、弁護士による教材を用いた模擬授業も実施した。その間、顧問や協力者の大学院生を含めて教材検討を積み重ねてきたものである。

　本書の特徴は、弁護士が多くの素材の中から学校向けの教材を選定した点

179

あとがき

と、生徒配布用プリントや教師用の手控え、生徒の回答例などを掲載しており、すぐに授業で使えることを想定しているところであろう。日々、法律相談に乗っている弁護士だからこその事例を取り扱い、法教育で使える教材に仕上げることができた。本書に取り上げられた事例は、学校で日々起こることが想定される事例を基にして、教材が作られている。日々の学校生活で起こりうる事象から、どのような解決策を導いていくのかを、法教育的な視点を用いて学校現場で行ってもらえたら幸いである。

　2017年に告示された学習指導要領（中学校学習指導要領・社会科編）では、公民的分野において「現代社会の見方・考え方」が提唱され、同解説に「『社会的事象を政治、法、経済などに関わる多様な視点（概念や理論など）に着目して捉え、よりよい社会の構築に向けて、課題解決のための選択・判断に資する概念や理論などと関連付けて』」働かせるもの」（下線筆者）と記され、よりよい社会の構築に向けた学習において、法を用いた考えの必要性が明記されることになった。このことは社会科の授業において、法的視点を用いた形で授業を構想することが望まれていることであり、これまで以上に法教育授業が求められるものになっている。本書がその一端を担うことができれば、望外の喜びである。

　本書の出版にあたっては、厳しい出版事情の中で引き受けてくださった商事法務の方々、そして、タイトなスケジュールの中で編集の労をとっていただいた弁護士の先生方、顧問の先生方・大学院生の皆様に深く感謝申し上げたい。また、模擬授業にご協力いただいた千葉大学教育学部附属中学校、宇都宮大学教育学部附属中学校、静岡大学教育学部附属静岡中学校、筑波大学附属理療科教員養成施設、筑波大学附属中学校及び東京学芸大学の先生方や生徒、学生にも感謝申し上げたい。なお、校閲作業は秋田大学教育文化学部社会科教育ゼミの学生（西田あき子さん、庄司航君）の協力を得た。多くの方々の協力なしに本書は出版することができなかった。関わっていただいた多くの方々にお礼を申し上げたい。

　ぜひ、姉妹本にあたる『わたしたちの社会と法——学ぼう・法教育』と一緒に本書を読んでもらえたら幸いである。両書を読んでいただければ、法教

あとがき

育の奥深さを感じてもらうことができると思う。ぜひ、本書を用いて、法教育の授業実践が全国各地の学校で行われることを願ってやまない。

2018 年 6 月

関東弁護士会連合会法教育センター

顧問　加　納　隆　徳

関東弁護士会連合会法教育センター

　近年、法教育について、さまざまな研究活動や実践活動が精力的になされるようになり、学習指導要領にも法教育の要素が取り入れられるようになりました。しかし、いまだ、法教育の理念が広く浸透しているとは言い難く、学校教育を担う教員にでさえ十分に浸透していない状況です。

　そこで、関東弁護士会連合会（関弁連）は、これまで以上に法教育を普及させることを目指し、2013 年 4 月、関東弁護士会連合会法教育センター（関弁連法教育センター）を設立しました。

　関弁連法教育センターでは、主に以下のような活動を行っております。

　　●法教育の研究……国内外の法教育の研究を通じて、法教育のあるべき姿を提案していきます。

　　●担い手の育成……教員や弁護士等の法教育の担い手を育成するため、研修等を実施します（年に 1〜2 回の教員向け法教育セミナー、月 1 回の法教育勉強会等）。

　　●教材開発……現場の先生が使える法教育実践のためのプログラム、授業案等の各種教材開発を行います。

　　●情報発信……現場でも法教育実践に役立つ情報を多様な手段で発信していきます。

　たとえば以下のような方は、法教育センターへお問い合わせください。

> ・法教育の授業をしたい、どのような授業にしたらよいかを相談したい
> ・法教育の実践に興味があり、法的な知識や考え方を身につけたい
> ・法教育の授業案を策定するのに、専門家の助言がほしい

【お問合せ先】関東弁護士会連合会法教育センター

　〒 100-0013　東京都千代田区霞が関 1-1-3　弁護士会館 14 階

　　　　　　TEL 03-3581-3838　FAX 03-3581-0223

　　　　　　Email：houkyouikucenter@kanto-ba.org

執筆者一覧

◎関東弁護士会連合会法教育センター委員

(五十音順、下線は本書編集者)

東京弁護士会…………置塩　正剛、山本　明日香、渡邉　貴大

第一東京弁護士会……塩谷　崇之、島崎　伸夫、杉田　泰樹、鈴木　啓文

　　　　　　　　　　長尾　貴子、松尾　紀良

第二東京弁護士会……岩元　惠、梅津　英明

神奈川県弁護士会……坂本　真史、佐藤　裕、瀬川　智子、種村　求

埼玉弁護士会…………大塚　信之介、貞松　宏輔、中野　仁

千葉県弁護士会………反町　義昭、安井　飛鳥

茨城県弁護士会………後藤　直樹、藤川　武揚

栃木県弁護士会………阿久津　正巳

群馬弁護士会…………山本　和徳

静岡県弁護士会………関　亮子

山梨県弁護士会………齋藤　祐次郎

長野県弁護士会………山崎　典久

新潟県弁護士会………三科　俊

顧問（協力者）　………江口　勇治（筑波大学教授）、加納　隆徳（秋田大学講師）

　　　　　　　　　　館　潤二（大正大学教授）、三浦　朋子（亜細亜大学講師）

　　　　　　　　　　門井　謙允（筑波大学大学院生）、川井　優（筑波大学大学院生）

(所属は、2018 年 3 月 31 日現在)

法教育教材　わたしたちの社会と法

2018年7月30日　初版第1刷発行

編　　者　　関東弁護士会連合会

発行者　　小　宮　慶　太

発行所　　株式会社　商　事　法　務
　　　　　　〒103-0025 東京都中央区日本橋茅場町 3-9-10
　　　　　　TEL 03-5614-5643・FAX 03-3664-8844〔営業部〕
　　　　　　TEL 03-5614-5649〔書籍出版部〕
　　　　　　http://www.shojihomu.co.jp/

落丁・乱丁本はお取り替えいたします。　　　印刷／広研印刷㈱
© 2018 関東弁護士会連合会　　　　　　　Printed in Japan
　　　　　　　　　　　　　Shojihomu Co., Ltd.
　　　　　　　　　ISBN978-4-7857-2651-5
　　　　　　　　　＊定価はカバーに表示してあります。

JCOPY ＜出版者著作権管理機構　委託出版物＞
本書の無断複製は著作権法上での例外を除き禁じられています。
複製される場合は、そのつど事前に、出版者著作権管理機構
（電話 03-3513-6969、FAX 03-3513-6979、e-mail: info@jcopy.or.jp）
の許諾を得てください。